O ano V da revolução argelina

Frantz Fanon

O ano V da revolução argelina
O fim do colonialismo

Tradução:
Thalles do Nascimento Castro

Copyright © 1959, Editions François Maspero, Paris
Copyright © 2011, Editions La Découverte, Paris

Esta obra foi publicada em 1959 como *L'An V de la Révolution Algérienne*, na coleção Cahiers Libres (Edições Maspero), e reeditada na Petite Collection Maspero em 1972 sob o título *Sociologie d'une révolution*. A presente edição retoma o título original mas reproduz a obra conforme a reedição de 1972, em especial incluindo a introdução de Fanon datada de 1959 e completada pelo anexo à edição de 1960, "O porquê de usarmos a violência".

Grafia atualizada segundo o Acordo Ortográfico da Língua Portuguesa de 1990, que entrou em vigor no Brasil em 2009.

Título original
L'An V de la Révolution Algérienne

Capa e ilustração
Oga Mendonça

Preparação
Flávio Magalhães Taam

Revisão
Julian F. Guimarães
Ana Alvares

Dados Internacionais de Catalogação na Publicação (CIP)
(Câmara Brasileira do Livro, SP, Brasil)

Fanon, Frantz, 1925-1961
    O ano V da revolução argelina : O fim do colonialismo / Frantz Fanon ; tradução Thalles do Nascimento Castro. — 1ª ed. — Rio de Janeiro : Zahar, 2025.

    Título original: L'An V de la Révolution Algérienne.
    Bibliografia.
    ISBN 978-65-5979-227-6

    1. Argélia – 1954-1962 (Guerra da Argélia) 2. Argélia – Condições sociais – 1830-1962 I. Título.

25-267288   CDD-965.046

Índice para catálogo sistemático:
1. Argélia : Guerra : História   965.046

Cibele Maria Dias – Bibliotecária – CRB-8/9427

Todos os direitos desta edição reservados à
EDITORA SCHWARCZ S.A.
Praça Floriano, 19, sala 3001 — Cinelândia
20031-050 — Rio de Janeiro — RJ
Telefone: (21) 3993-7510
www.companhiadasletras.com.br
www.blogdacompanhia.com.br
facebook.com/editorazahar
instagram.com/editorazahar
x.com/editorazahar

Sumário

O bumerangue fanoniano, por Marcos Queiroz   7

Introdução   21

1. A Argélia retira o seu véu   35

2. "Aqui fala a voz da Argélia..."   67

3. A família argelina   100

4. Medicina e colonialismo   126

5. A minoria europeia da Argélia   154

Conclusão   175

Anexos   179
As mulheres na revolução   181
Testemunho de Charles Geromini   186
Testemunho de Yvon Bresson   202
O porquê de usarmos a violência   206

Notas   215

O bumerangue fanoniano

A VIDA E A OBRA DE FRANTZ FANON são como um bumerangue. Elas transitaram de um lado para o outro do planeta, em um zigue-zague muitas vezes tenso, explosivo e inesperado. Nessa errância particular, que Édouard Glissant atribui às culturas negras caribenhas e que podemos estender ao pensamento fanoniano, o bumerangue de Fanon saiu da Martinica para estremecer as relações coloniais das metrópoles com suas então colônias. Da África, suas ideias retornaram para o Caribe e para as Américas, estimulando movimentos negros e a insurgência terceiro-mundista. Instrumento móvel de caça, o bumerangue também é utilizado para cortar e cavar a terra em busca de raízes, usadas na alimentação e na cura. Nesse sentido, o pensamento fanoniano tem servido de eixo central para escavar, revelar e dialogar com toda uma tradição radical negra subterrânea, a qual emerge para reivindicar seu lugar no palco da história. Ler Fanon é encontrar as vidas e as obras mais valiosas submergidas no cemitério moderno e com elas estabelecer um vínculo ético, político e espiritual. O interesse por Fanon não é só pelas suas contribuições em si, mas também pelas relações que elas estabelecem com aquilo e aqueles que foram apagados pela lógica colonial da morte. O bumerangue fanoniano continua se movendo pelo espaço e pelo tempo, distanciando-se para, então, voltar até nós.

Se não há como teorizar a modernidade sem falar de racismo e das lutas políticas dos povos colonizados, o retorno, mais uma vez, a Fanon é imprescindível. No marco do seu centenário, vemos um crescente debate em torno do seu pensamento, informado por preocupações do tempo presente — o agora fanoniano —, como a persistência da lógica colonial e a crítica antirracista exercida por coletivos e movimentos políticos.[1] Esse quadro também permite entender a relevância de *O ano V da revolução argelina* e seus usos possíveis no mundo contemporâneo. Publicada em 1959, a obra, como argumenta Robert Bernasconi, pode ser entendida tanto como um ponto de passagem entre a abordagem de *Pele negra, máscaras brancas* (1952) e a teoria da violência revolucionária de *Os condenados da terra* (1961) quanto como uma forma de materializar e encaminhar os principais dilemas levantados pelos dois livros.

Ao descrever como a Revolução Argelina havia alterado para sempre o cotidiano, a subjetividade e as relações sociais mais básicas do povo naquele país, *O ano V da revolução argelina* torna concreta a utopia de um novo humanismo levantada por *Os condenados da terra*. Da mesma forma, ao apontar como a luta política — não resumida à violência armada — é capaz de gerar a independência política e, sobretudo, a soberania do sujeito sobre si, rompe o "ciclo vicioso" da ausência de reconhecimento do colonizado criado pela situação colonial, tal qual exposto em *Pele negra, máscaras brancas*.[2] Escrito no calor da guerra de libertação da Argélia, *O ano V da revolução argelina* é uma narrativa teórica forjada na materialidade rebelde de sangue e suor da insurgência anticolonial que varria o mundo e mudaria para sempre a história do século xx. Teoria da realidade vivida que, por isso, torna visíveis e concretas as maneiras de resolver os problemas expostos pelos demais textos fanonianos.

Em 1953, logo após a publicação de *Pele negra, máscaras brancas*, Fanon mudou-se para Blida, na Argélia, então colônia francesa, onde assume a direção do hospital psiquiátrico da cidade. O contato direto com a realidade do colonialismo aprofundou seu entendimento de como a situação colonial impacta a estrutura psíquica humana. Com o estouro da Revolução Argelina em 1954, o contexto extremamente segregado e violento de Blida foi radicalizado. Trata-se de um momento de inflexão na trajetória de Fanon. A brutalidade da exploração europeia abalou suas crenças cultivadas desde a infância na Martinica, em especial o seu senso de pertencimento à identidade francesa e à cultura europeia. No presente livro, Fanon descreve o processo de rejeição da França como sua pátria e de identificação total com o povo argelino, nomeando a guerra de independência de "nossa luta" e "nossa causa". Em 1956, já trabalhando secretamente com a Frente de Libertação Nacional (FLN), ele se demite do hospital para se dedicar exclusivamente à luta anticolonial.

Atuando clandestinamente entre o Norte da África e a França, Fanon esteve focado em prestar auxílio médico aos guerrilheiros argelinos e em divulgar a causa da descolonização, tornando-se editor do jornal revolucionário *El Moudjahid* e representante internacional do Governo Provisório da Argélia.[3] No período que vai de 1951 a 1961, ano de sua morte, sua presença nos eventos do movimento da negritude, como o I e o II Congresso de Escritores e Artistas Negros (Paris, 1956; Roma, 1959), bem como o tom e o conteúdo de seus escritos, demonstram a mudança em suas preocupações.

Originalmente focadas nas patologias geradas pela situação colonial, suas intervenções caminham para uma denúncia da conivência da esquerda e dos intelectuais franceses diante dos horrores do colonialismo para, finalmente, clamar pela união e pela solidariedade dos povos africanos no engajamento das lutas por libertação.

A etnografia da revolução e o conhecimento oriundo da insurgência anticolonial se tornam o fermento da sua teoria política. Tendo como base a percepção de que foi a luta que deu consciência de si aos argelinos e argelinas, Fanon formula um tripé analítico para entender a práxis: a cultura não pode ser compreendida de forma essencialista; a agência subalterna é quem abre caminho para a transformação social; e as pessoas mudam enquanto mudam o mundo.

Essas são as sementes que geram *O ano V da revolução argelina*. Publicado no quinto ano da Revolução, o livro tem o objetivo de mostrar como o colonialismo está morto na Argélia, a despeito de ainda não haver um reconhecimento político internacional disso. O processo revolucionário foi iniciado no dia 1º de novembro de 1954 por meio de uma ofensiva armada organizada pela FLN contra as forças militares francesas. Ele foi fruto de uma crescente politização no espaço colonial, ocorrida desde a Primeira Guerra Mundial, canalizada em movimentos nacionalistas na década de 1950. Ao utilizar a palavra "libertação" como mote político, a Revolução combinava luta por independência, construção do Estado-nação e incidência diplomática. Tendo Fanon como um dos seus atores mais importantes no plano externo, a FLN reivindicava um papel de vanguarda na descolonização da África subsaariana e de reorganização das instituições internacionais por meio da plataforma terceiro-mundista. Os argelinos prestariam auxílio para rebeldes e nacionalistas nos quatro cantos do mundo, da Europa à América Latina, dos Estados Unidos à Ásia. Em 1962, os Acordos de Évian entre a França e o Governo Provisório da República Argelina marcaram o momento final da guerra de independência.

Para Fanon, em 1959, ainda que os confrontos estivessem em curso, o povo argelino havia chegado a um ponto de não retorno. A luta tinha estilhaçado o torpor da consciência colonial, que naturalizava a ordem da violência racial e estabelecia uma subjetividade em que o colonizado só vive e existe em relação ao colonizador. Argelinas e argelinos haviam alcançado o estágio da consciência nacional: ao decidirem viver para si, o colonizador deixou de ser uma autoridade absoluta para ser desvelado como humano, falível por natureza.

Este livro é, ao mesmo tempo, um testemunho, um chamado, uma profecia e uma teoria forjada pela práxis revolucionária. Portanto, ao falar da Argélia, Fanon está falando do *agora*, 1959, em que o emergir das massas insurgentes formadas por ex-colonizados estava pondo fim ao colonialismo. Mas esse agora é também uma história de longa duração, que começa muito antes da Revolução Argelina e das lutas por descolonização do século xx, com os primórdios da escravidão moderna e do tráfico transatlântico, e que chega até os dias de hoje. Ao iluminar de forma singular as relações entre história, sociedade e política numa modernidade constituída pela colonialidade, *O ano V da revolução argelina* carrega a típica universalidade fanoniana. A partir de uma situação colonial local, Fanon destrincha e aponta a espacialidade global do colonialismo. Essa ontologia resiliente atravessa os tempos e chega aos nossos dias, pois o genocídio, a indiferença e os bombardeios hi-tech são a face primeira da política. Enquanto a devastação e o genocídio da Palestina seguem em curso, enquanto vivemos mais uma semana em que surgem vídeos da polícia brasileira torturando ou executando cidadãos, jogando pessoas de cima da ponte, as instituições internacionais e nacionais seguem em "perfeito" estado de funcionamento: "O Oriente Médio está disponível para ser tomado", afirmava o título de uma reportagem no *Wall Street Journal* em dezembro de 2024, a sete meses do centenário de Fanon.[4] São as oportunidades de negócio do capital atreladas à extensão da necrópole colonial.

Na escrita fanoniana, nota-se um sujeito que sempre esteve atento aos detalhes da vida cotidiana, que via a estrutura histórica por trás dos gestos, diálogos e hábitos do cotidiano. Essa incrível capacidade de prestar atenção em tudo é uma transmutação do olhar clínico, em que o campo de observação é a própria realidade colonial. As minúcias são centrais para decifrar o enigma do colonialismo, pois nelas é possível ver em contraluz a totalidade do sistema e dos fenômenos sociais. Nesse entrelaçamento entre estética, ética e teoria política, o texto fanoniano é marcado pelo uso da oralidade. Situações do dia a dia — o frio na espinha que se sente ao avistar uma batida das forças de controle da colônia, o diálogo evasivo em um consultório entre um paciente argelino e um médico francês ou o suor frio ao caminhar com bombas sob as vestimentas — são narradas de uma forma visual. O resultado é um texto que realiza uma reconstrução muscular, mental e espiritual das tensões daqueles que vivem sob a colônia e a revolução. Para Fanon, escrever é tornar visíveis a linguagem e os códigos do colonialismo, retirá-los da penumbra, da espessa névoa que confunde nossa inteligibilidade. Quais são as performances, sensações, movimentos corporais, trejeitos e respiros exigidos e mobilizados na colônia? Em quais situações as pulsões ganham um ritmo desconcertante, os corações aceleram, as mãos ficam trêmulas e o suor frio é sentido na espinha? Como é possível sentir o peito relaxando novamente depois de uma atmosfera inebriante de medo? Quando é possível respirar novamente depois de dormir e acordar com o horror? Qual é a sensação de despertar quando a grande noite chega ao fim? Fanon revela o mundo a partir de uma história das sensações e dos objetos. Num estilo literário de pensar e descrever a realidade, sua poética vê o planeta em miniatura, nos pequenos traços, gestos e coisas imperceptíveis para os olhares mais desatentos. A forma é como a de um romancista que escreve a atmosfera de morte do colonialismo. O véu,[5] o rádio, os remédios, as armas, o jornal e uma infinidade de outros artefatos são personagens para mostrar como a atitude e a mentalidade do colonizado vão mudando com o curso da revolução. Contando essa história, Fanon dilui as fronteiras entre modernidade e tradição ao apontar a ausência de essências nos indivíduos e nas sociedades e culturas materiais produzidas por eles. Rompe, assim, com o relato binário legado pelo colonialismo.

A partir dessas considerações, quatro elementos podem ser destacados em O ano V da revolução argelina dentro do conjunto da obra fanoniana. O primeiro deles é que, antecipando o que historiadores comunistas britânicos como Eric Hobsbawm e E. P. Thompson chamariam, na década de 1960, de história vista de baixo, Fanon nos diz que a luta anticolonial é feita de infinitas formas cotidianas de resistir, reivindicar e libertar a consciência. São essas transformações fragmentadas e minúsculas, ganhas grão a grão, dia a dia, que produzem a autonomia do sujeito e vão desgastando a lógica binária do colonialismo. Assim, a história da revolução — heroica, trágica e espetacular — não é a história de heróis excepcionais e singulares. É a história da gente comum tomando o destino do mundo em suas próprias mãos. Ao secundarizar o papel dos partidos, das vanguardas e dos intelectuais, *O ano V da revolução argelina* centra seu foco na resistência exercida diariamente, no emergir da consciência livre nos entremeios da dominação colonial. As armas, a estratégia coordenada e o programa são fundamentais, mas é a libertação subjetiva a verdadeira energia de qualquer processo revolucionário.

A gente comum adota aquilo que Fanon chama de formas clandestinas de existência: táticas de falseamento, opacidade, truque, ironia, fuga, astúcia e esconderijo que cavam pequenas zonas de autodeterminação dentro da atmosfera sufocante do colonialismo. Na medida em que o confronto aberto e direto é muitas vezes arriscado e contraproducente, o colonizado sabota a colônia por dentro. Usa a insinceridade da situação colonial contra ela mesma. Um policial argelino pode servir de informante dentro da administração francesa, uma mulher transitando na cidade do colono pode colher informações valiosas para as frentes de libertação ou transportar armamentos para os rebeldes, um pai pode acobertar o filho ou a filha que ingressou na FLN e estimular os seus vizinhos a financiar a revolução. Se a dicotomia colonial impõe uma guerra de libertação também binária e total, isso não significa que a luta se faz com uma única tática.

Um segundo elemento a ser destacado neste livro é a concepção de que o colonialismo não são apenas armas, dominação territorial, avassalamento de povos e exploração econômica. O colonialismo é uma série de tecnologias e saberes estrategicamente dispostos para, ao mesmo tempo, desintegrar identidades coletivas, desfazer os laços sociais e disciplinar o indivíduo e produzir o "outro". O colonizado é alvo de uma série de discursos e práticas que o enquadram como bárbaro, inferior, selvagem, bruto e destituído de razão. Na medida em que é um ser lacunoso, ele precisa de ajuda estrangeira para sair do seu suposto estado primitivo. Essa intervenção externa são os aparatos administrativos da metrópole, as proclamações de direitos humanos contra os "hábitos e valores primitivos" e as técnicas científicas. O burocrata, o ativista e o médico são todos uma única figura: o colonizador, de modo que a política, o direito e a ciência perdem todo o ar de neutralidade, imparcialidade e modernidade. Trata-se de técnicas de infiltração para revelar, desorganizar e submeter o povo colonizado.

Por exemplo, no capítulo "Medicina e colonialismo", Fanon descreve uma consulta médica para expor como a dicotomia colonial padroniza as relações sociais. Na colônia, o discurso intersubjetivo é incapaz de produzir verdade e compromissos éticos. O paciente vê o médico como agente da colonização e, por isso, adota uma postura de opacidade. Para o colonizado, a vida é uma luta contra a morte onipresente. Viver é estar em uma situação de morte incompleta, isto é, a precariedade da experiência no colonialismo esvazia os prazeres da vida e torna permanente a sensação de que se está prestes a morrer. Por isso, a recusa, a atitude esguia, os gestos em constante fuga, a desconfiança e uma certa passividade perante o médico e a medicina são reflexos da compreensão da associação entre ciência, racismo e colonialismo. Na colônia, "as palavras técnicas são sempre entendidas num sentido pejorativo. A verdade objetivamente expressa é constantemente viciada pela mentira da situação colonial".

Os detalhes captados por Fanon expressam que o mundo partido em dois, tal qual teorizado em *Os condenados da terra*, não é mantido e reproduzido apenas por aquilo que pode ser compreendido como presença ostensiva da violência. A dicotomia colonial é sustentada também por uma profusão de práticas, fatos, discursos e relações diárias; os objetos e saberes são contaminados pela lógica binária. Não há o rádio como tecnologia isolada, pois o rádio é instrumento ideológico do colonizador. Não há vacina antitetânica como mecanismo de tratamento, pois a vacina é vista como instrumento de criminosos de guerra. O que irá mudar a relação do colonizado com esses artefatos é a luta. A causa da libertação constrói novas atitudes perante o mundo; as relações sociais deixam de ser entendidas como um bloco monolítico e são novamente complexificadas quando o ex-colonizado passa a viver para si.

Esse aspecto nos leva a um terceiro elemento fundamental de *O ano V da revolução argelina*. Nele, Fanon tem como pano de fundo a história global da resistência e da revolução. Novamente adiantando-se às vogas acadêmicas, como os estudos pós-coloniais ou decoloniais, rompe com a narrativa histórica unidirecional, progressiva e teleológica centrada na Europa, pautada pelas noções polares de arcaico e moderno, atraso e avanço, centro e periferia. No pensamento fanoniano, a mudança social e a abertura para o futuro são obras, sobretudo, dos condenados da terra. Assim, Fanon faz parte de uma constelação de autores negros — como C. L. R. James, em *Os jacobinos negros* (1938), e Clóvis Moura, em *Rebeliões da senzala* (1959) — que, em meados do século XX, forjaram as bases teóricas para pensar tradições radicais além dos quadrantes europeus.

Com isso, um dos focos deste livro é justamente contar, por meio de detalhes, exemplos e casos, como a revolução produz um novo mundo, novas pessoas e novas relações sociais. Como ela é causa e consequência de processos criadores e generativos, que fazem nascer hábitos, atitudes e comportamentos ainda não existentes. Da mesma forma, a revolução é uma prova de verdade que destrói as mentiras propagadas pelos discursos ocidentais sobre os povos colonizados. Ela demonstra que não existe uma "psicologia nativa" ou uma "personalidade básica" do negro, do árabe ou do africano — o que existe é a situação colonial. Prolongando as observações de *Pele negra, máscaras brancas*, Fanon descreve como os padrões de consciência e de dotação de sentido à realidade, assim como suas respectivas patologias, traumas, dores e formas de cura, devem ser rastreados e compreendidos a partir das condições sociais e históricas. Na modernidade, essas condições são atravessadas por uma fissura primordial, a situação colonial, que cindiu o mundo entre a zona do ser e a do não ser. Como argumenta Thula Pires, a violência ostensiva é o "modelo normalizado de resolução de conflitos na zona do não ser", mantendo a humanidade como um atributo exclusivo da zona do ser.[6] É nessa realidade, cindida pela violência e em que a própria violência é a forma básica de linguagem, que Fanon sonda a consciência e as ações dos colonizados e dos colonizadores, numa desconstrução de categorias congênitas, biológicas e de uma naturalidade a-histórica e universal. Finalmente, o pensamento fanoniano expresso em *O ano V da revolução argelina* conduz a uma inversão da história da modernidade. A França, a Europa, a branquidade planetária não são entendidas como receptáculos e veículos da razão, do humanismo e dos direitos: são o horror, a brutalidade e o vazio ético. A crítica de Fanon é um ataque tanto às leituras conservadoras sobre o legado da civilização ocidental, a exemplo do eurocentrismo e do supremacismo branco ancorados em discursos de superioridade cultural e nacional, quanto ao campo liberal-progressista, forjado na condescendência, no moralismo e no paternalismo político. Esse campo é sempre relutante em tomar lado na luta anticolonial, impondo uma série de condicionantes para apoiar a causa da libertação e equiparando a violência da colonização à violência do colonizado. A postura de superioridade é expressa por meio de discursos a respeito das culturas, hábitos, valores, crenças, roupas e atitudes dos povos colonizados: "Eles podem até sofrer, mas jamais serão como nós, portanto não é qualquer apoio que daremos". Trata-se de um suporte complacente que mantém a binariedade criada pelo colonialismo. Uma suposta aliança política que não está disposta a colocar fim neste mundo.

A inversão operada pela narrativa fanoniana não é só uma desconstrução da dicotomia colonial dentro do relato moderno, mas também a possibilidade da reconstrução de uma história global protagonizada pelos subalternos. Por isso, o seu bumerangue sempre retorna até nós, num movimento que vem do passado para se lançar ao futuro. No preciso sentido da teoria crítica, o pensamento de Fanon não só exerce uma análise crítica implacável da realidade. Ao alçar o colonizado para o centro do palco político, ele também apresenta os melhores insumos para a emancipação coletiva. O novo humanismo reside nesse gesto duplo, de cavar e atacar com os instrumentos forjados pela luta anticolonial.

MARCOS QUEIROZ

MARCOS QUEIROZ é professor do Instituto Brasileiro de Ensino, Desenvolvimento e Pesquisa (IDP). Doutor em direito pela Universidade de Brasília, é autor do livro *Assombros da casa-grande: A Constituição de 1824 e as vidas póstumas da escravidão* (Fósforo, 2024).

Introdução

A GUERRA DA ARGÉLIA LOGO ENTRARÁ em seu sexto ano. Ninguém entre nós ou no resto do mundo suspeitava, em novembro de 1954, que seria preciso lutar durante sessenta meses antes de fazer com que o colonialismo francês atenuasse sua opressão e desse voz ao povo argelino.

Depois de cinco anos de luta, nenhuma mudança política se realizou. As autoridades francesas continuam a declarar que a Argélia é francesa.

Essa guerra mobilizou o povo em sua totalidade, forçando-o a investir como um todo suas reservas e seus recursos mais ocultos. O povo argelino não teve descanso, pois o colonialismo com o qual se confrontou não lhe deu nenhum.

A Guerra da Argélia, a mais alucinante que um povo já conduziu para romper com a opressão colonial.

Seus adversários insistem em afirmar que a revolução argelina é composta de sanguinários. Os democratas que lhe eram simpáticos repetem, por sua vez, que ela cometeu erros.

Com efeito, houve cidadãos argelinos que infringiram as diretrizes dos organismos dirigentes, e fatos que deveriam ter sido evitados aconteceram sobre o solo nacional. Quase sempre, aliás, eles diziam respeito a outros cidadãos argelinos.

Mas então, o que a revolução fez? Fugiu de suas responsabilidades? Por acaso ela não condenou esses gestos que ameaçavam alterar a verdade de nosso combate? Por acaso Ferhat Abbas, presidente do conselho do GPRA [Governo Provisório da República Argelina], não evocou em público as medidas, por vezes capitais, tomadas pela direção da revolução? No entanto, quem não compreenderia a psique dessas violências súbitas contra os traidores ou criminosos de guerra? Os homens que fizeram campanha no seio do Primeiro Exército Francês conservaram, por meses inteiros, o desprezo por esses justiceiros de última hora que descarregaram suas armas sobre os colaboradores. Aqueles que estiveram na ilha de Elba, na campanha da Itália e no desembarque em Toulon se revoltaram contra esses acertos de contas fratricidas, ilegais e, muitas vezes, vergonhosamente conduzidos. Não nos lembramos, contudo, de nenhuma condenação de membros da Resistência por execuções sumárias precedidas de torturas de civis desarmados.

A Frente de Libertação Nacional [FLN] não hesitou, nos momentos em que o povo sofria os ataques mais massivos do colonialismo, em proibir certas formas de ação e em constantemente relembrar às unidades engajadas as leis internacionais de guerra. Em uma guerra de libertação, o povo colonizado deve vencer, mas de forma limpa, sem "barbárie". *O povo europeu que tortura é um povo decaído, traidor de sua história. O povo subdesenvolvido que tortura reafirma sua natureza, cumpre seu papel de povo subdesenvolvido.* O povo subdesenvolvido está obrigado, se não quiser ser moralmente condenado pelas "nações ocidentais", a praticar o fair play, enquanto seu adversário se aventura, com a consciência tranquila, pela descoberta ilimitada de novas formas de terror.

O povo subdesenvolvido deve ao mesmo tempo provar, pela eficácia de seu combate, que está apto a se constituir como nação e, pela pureza de cada um de seus gestos, que ele é, até nos menores detalhes, o povo mais esclarecido, o mais senhor de si. Mas tudo isso é muito difícil.

Enquanto na região de Mascara, há exatamente seis meses, mais de trinta combatentes cercados, tendo esgotado suas munições, depois de terem combatido a golpes de pedra, eram feitos prisioneiros e executados diante do povoado, um médico argelino, em outra área, era enviado a uma missão nas fronteiras para levar de imediato os únicos medicamentos capazes de frear a doença de um prisioneiro francês. Ao longo do trajeto, dois combatentes argelinos foram assassinados.

Outras vezes, soldados eram designados a uma missão de distração para permitir que um grupo de prisioneiros chegasse ileso ao posto de comando da região.

Os ministros franceses Lacoste e Soustelle publicaram fotos com o intuito de manchar a nossa causa. Algumas dessas fotos retratam ações tomadas por membros da nossa revolução. Outras mostram alguns dos milhares de crimes dos quais foram culpados Bellounis e os *harkis** armados pelo Exército francês. Enfim, há sobretudo essas dezenas de milhares de argelinos e argelinas vítimas das tropas francesas.

Não, não é verdade que a revolução tenha ido tão longe quanto o colonialismo.

Mas nem por isso legitimamos as reações imediatas de nossos compatriotas. Nós os compreendemos, mas não podemos nem desculpá-los nem rejeitá-los.

---

* Durante a Guerra da Argélia, indivíduos que serviam como auxiliares das tropas francesas. (N. T.)

Porque queremos uma Argélia democrática e renovada, porque acreditamos que não podemos crescer, que não podemos nos libertar em uma área e nos enterrarmos em outra, nós condenamos, com o coração aflito, esses irmãos que se lançaram na ação revolucionária com a brutalidade quase fisiológica que uma opressão secular gera e alimenta.

As pessoas que nos condenam ou que nos repreendem por essas zonas obscuras da revolução ignoram o drama atroz do responsável que deve aplicar uma punição contra um compatriota culpado, por exemplo, de ter assassinado, sem ter recebido nenhuma ordem para tal, um traidor notório ou, mais grave ainda, uma mulher ou uma criança. Esse homem, que deve ser julgado, sem código e sem lei, apenas pela consciência que cada um tem daquilo que deve ser feito e daquilo que deve ser proibido, não é um recém-chegado ao grupo de combate. Ao longo de vários meses, ele deu provas irrefutáveis de abnegação, de patriotismo, de coragem. No entanto é preciso julgá-lo. O responsável, o representante local do organismo dirigente, deve aplicar as diretrizes. É preciso muitas vezes que ele mesmo seja o acusador, não tendo os outros membros da unidade aceitado o fardo de acusar esse irmão diante do tribunal revolucionário.

Não é fácil guiar, com o mínimo de erros, a luta de um povo duramente abalado por 130 anos de dominação contra um inimigo tão determinado e tão feroz quanto o colonialismo francês.

Christina Lilliestierna, jornalista sueca, entrevistou em um acampamento alguns dos milhares de argelinos refugiados. Eis aqui um trecho da reportagem:

Introdução

O próximo da fileira é um menino de sete anos com marcas de feridas profundas causadas por um fio de aço com o qual ele fora amarrado enquanto soldados franceses maltratavam e assassinavam seus pais e suas irmãs. Um tenente manteve os olhos dele abertos à força a fim de que visse e se lembrasse disso por muito tempo [...]. Essa criança foi carregada por seu avô durante cinco dias e cinco noites antes de chegar ao acampamento. O menino disse: "Eu só quero uma coisa: poder cortar um soldado francês em pedacinhos, em muitos pedacinhos".

Pois bem, acreditam então que é fácil fazer com que essa criança de sete anos esqueça tanto o assassinato de seus pais quanto a sua enorme vingança? Será essa criança órfã, crescida em uma atmosfera apocalíptica, a única mensagem que a democracia francesa deixará?

Ninguém poderia supor que, durante cinco anos, a França defenderia cada milímetro desse colonialismo vergonhoso que, sobre este continente, corresponde ao seu homólogo da África do Sul. Não suspeitávamos também que o povo argelino se colocaria na história com tamanha intensidade.

Por isso, é preciso evitar ilusões. As gerações que chegam não são mais dóceis nem estão mais cansadas que aquelas que desencadearam a fuga. Há, pelo contrário, um endurecimento, uma vontade de estar à altura das "dimensões históricas", uma preocupação em não menosprezar centenas de milhares de vítimas. E há também a apreciação exata das dimensões do conflito, das amizades e das solidariedades, dos interesses e das contradições do universo colonialista.

"Ter um fuzil, ser membro do Exército de Libertação Nacional [ALN, na sigla em francês], é a única chance que resta para o argelino de dar um sentido à sua morte. A vida sob a dominação há muito é vazia de significado..." Declarações assim, quando feitas por membros do governo argelino, não apontam um erro de julgamento ou um "até às últimas consequências". É a constatação banal da verdade.

Há, na Argélia, no que concerne ao povo argelino, uma situação irreversível. O próprio colonialismo francês se deu conta disso e tenta anarquicamente seguir o movimento histórico. Na Assembleia Nacional Francesa, oitenta deputados argelinos possuem assento. Mas hoje isso não serve de nada.

O colégio eleitoral único* foi aceito pelos extremistas da dominação, mas, em 1959, isso parece irrisório quando comparado às dimensões extraordinárias tomadas pela consciência nacional argelina. Interroguem qualquer mulher ou homem sobre a face da terra e perguntem-lhe se o povo argelino já não conquistou o direito de ser vinte vezes independente. Não há ninguém, em 1959, fora esses franceses que arrastaram o seu país para essa horrível aventura, que não deseje o fim desse morticínio e o nascimento da nação argelina.

Mas enfim, nenhuma saída à vista, e sabemos que o Exército francês prepara, para os próximos meses, uma série de ofensivas. A guerra continua.

Os homens têm o direito de se questionar, então, sobre as razões dessa obstinação. Temos o dever de compreender esse aprofundamento na guerra que evoca, em muitos aspectos, a complacência com o mórbido. Queremos mostrar nesse pri-

---

* Instituído por lei em 1958, o colégio eleitoral único eliminou a distinção, até então vigente, entre dois diferentes colégios eleitorais, separando, em linhas gerais, franceses e uma pequena parcela de argelinos, de um lado, e o restante da população de argelinos muçulmanos, de outro. (N. T.)

meiro estudo que, sobre a terra argelina, nasceu uma nova sociedade. Os homens e as mulheres da Argélia, hoje, não se parecem nem com aqueles de 1930, nem com aqueles de 1954, nem mesmo com aqueles de 1957. A antiga Argélia morreu. Todo esse sangue inocente que jorra em profusão sobre o solo nacional erigiu uma nova humanidade, e ninguém pode ignorar esse fato.

Depois de ter afirmado que não "entregaria aos árabes um milhão de seus filhos", a França declarou hoje que jamais abandonará o Saara e seus recursos. Evidentemente, tais argumentos não têm nenhum valor para o argelino. Com efeito, ele responde que a riqueza de um país não pode constituir uma desculpa à sua opressão.

Demonstraremos que a forma e o conteúdo da existência nacional já existem na Argélia e que nenhum retorno ao passado pode ser cogitado. Enquanto, em muitos países coloniais, é a independência obtida por um partido que progressivamente dá forma à consciência nacional difusa do povo, na Argélia são a consciência nacional, as misérias e os terrores coletivos que tornam inevitável a tomada pelo povo de seu destino.

A Argélia é virtualmente independente. Os argelinos já se consideram soberanos.

Resta à França reconhecê-lo. Evidentemente, é o mais importante. Mas essa outra situação também é importante. Ela merece ser reconhecida, pois limita fundamentalmente as esperanças militares ou políticas do colonialismo francês.

Por que o governo francês não põe fim à Guerra da Argélia? Por que ele se recusa a negociar com os membros do governo argelino? São questões que um homem honesto, em 1959, é levado a se colocar.

Nunca é demais dizer que o colonialismo ainda é poderoso na França. Não basta dizer que o Saara modificou os termos do problema.

Tudo isso é verdadeiro, mas existem outras coisas. Parece-nos que na Argélia o ponto capital em que as boas intenções e os governos franceses vacilam é a minoria europeia. É por isso que dedicamos um capítulo inteiro a essa questão.

A Argélia é uma colônia de povoamento. A última colônia de povoamento de que muito se falou foi a África do Sul. Sabemos por quê.

Os europeus da Argélia nunca perderam completamente a esperança de romper com a França e impor sua lei de ferro aos argelinos. Essa é a única constante da política colonialista na Argélia. Hoje, o Exército francês se convenceu disso. Também não se pode levar a sério os rumores de paz que despontam aqui e ali.

A França estabelecerá a paz na Argélia ou reafirmando sua dominação sobre ela *ou destruindo as características feudais europeias da Argélia*. À parte essas duas soluções, será preciso que a paz lhe seja imposta ou internacionalmente, pelas Nações Unidas, ou militarmente, pelas forças argelinas.

Vê-se que a paz não virá em breve. Demonstraremos que a França não pode recomeçar sua dominação sobre a Argélia, ainda que esse domínio fosse amenizado e dissimulado. O governo francês está condenado a se contrapor a algumas centenas de criminosos de guerra ou a encobrir cada vez mais o genocídio carnífice na Argélia.

As autoridades francesas não provocam sorrisos quando declaram que "a rebelião dispõe de 25 mil homens". De que valem todos esses números diante da santa e colossal energia que mantém um povo inteiro em ebulição? Ainda que esteja provado que nossas forças não ultrapassam 5 mil homens mal armados, que valor pode ter uma informação como aquela, visto que, mesmo com 1 milhão de armas, ainda assim haveria descontentes e amargurados? Outras centenas de milhares de argelinos e argelinas não perdoariam os responsáveis por não os recrutarem, por os deixarem desarmados. O que seria do governo argelino se não tivesse o povo por trás de si?

As autoridades francesas recentemente reconheceram em caráter oficial a existência de 1 milhão de argelinos deslocados, reagrupados. Queriam separar o exército do povo. Queriam, ao que parece, evitar o "apodrecimento da Argélia". Mas até que ponto é possível ir?

Um milhão de reféns cercados e eis que o alarme é soado pelos próprios franceses: "Os medicamentos não têm mais efeito sobre esses grupos, tão profunda é sua deterioração fisiológica". E então? O colonialismo luta para reforçar seu domínio e a exploração humana e econômica. Ele luta também para manter idênticas a imagem que tem dos argelinos e a imagem depreciada que a Argélia tinha de si mesma. Bem, isso há muito se tornou impossível.

A nação argelina já não se encontra apenas em um céu futuro. Não é mais o produto de imaginações turvas e repletas de fantasias. Ela está no próprio centro do novo homem argelino. *Há uma nova natureza do homem argelino*, uma nova dimensão em sua existência.

A tese de que os homens se transformam quando transformam o mundo nunca foi tão evidente quanto na Argélia. Essa prova de força não reformula apenas a consciência que o homem tem de si mesmo, a ideia que ele tem de seus antigos dominadores ou do mundo, enfim ao seu alcance.

Essa luta renova, em diferentes níveis, os símbolos, os mitos, as crenças, as emoções do povo. Assistimos, na Argélia, a um ressurgimento do homem.

Quem esperaria deter esse movimento essencial? Não seria melhor abrir os olhos e ver o que há de grandioso, mas também de natural, nesse processo?

Será esta ainda uma época em que o homem deve lutar e morrer pelo direito de ser cidadão de uma nação?

Não é grotesca e humilhante e obscena essa denominação de "franco-muçulmanos"?

E essa miséria, e essa indignidade mantida e regada todas as manhãs, não haveria aí verdadeiros pretextos para os crimes mais calculados?

Não haveria então sobre esta terra vontades suficientes para impor a razão a essa loucura?

A possibilidade de uma vitória sobre a rebelião já não pode ser descartada, declarou o general Challe. Não é preciso ironia. Todos os comandantes em chefe de todas as guerras coloniais repetem as mesmas coisas, mas como podem não compreender que nenhuma rebelião jamais é vencida? O que significa vencer uma rebelião?

Queriam derrotar a UPC [União dos Povos de Camarões], mas a independência não foi dada a Camarões? A única diferença é que, antes de partir, o colonialismo multiplicou, no seio do povo camaronês, o derrotismo, as prevaricações, os rancores. O futuro de Camarões também estará por muitos anos hipotecado por uma política nefasta e aparentemente sutil.

Nestas páginas, queremos mostrar que *o colonialismo definitivamente perdeu o jogo na Argélia, enquanto os argelinos, seja como for, definitivamente o ganharam.*

Esse povo, perdido para a história, que reencontra uma bandeira, um governo, que já é reconhecido por muitos Estados, não pode mais recuar agora. Esse povo analfabeto que escreve as páginas mais belas e mais emocionantes da luta pela liberdade não pode mais recuar nem se calar.

O colonialismo francês precisa saber disso. Ele não pode mais ignorar o fato de que o governo argelino pode mobilizar qualquer argelino a qualquer momento. Mesmo os recém-eleitos, inscritos à força nas listas eleitorais da administração, pediriam demissão se a FLN ordenasse. Nem mesmo os deputados do Treze de Maio poderiam resistir por muito tempo à nova autoridade nacional. E então? Um exército pode a qualquer momento reconquistar o terreno perdido, mas como reintroduzir na consciência de um povo o complexo de inferioridade, o medo e o desespero? Como supor, conforme o general De Gaulle ingenuamente os convidava a fazer, que os argelinos "voltariam a seus lares"?

Que sentido pode ter essa expressão para um argelino de hoje?

O colonialismo ignora os verdadeiros termos do problema. Ele imagina que calculamos nosso poderio pelo número de metralhadoras pesadas. Isso era verdade nos primeiros meses de 1955. Hoje, já não é mais.

Primeiro, porque outros elementos pesam na história. Depois, porque as metralhadoras e os canhões não são mais as armas do ocupante.

Dois terços da população mundial estão dispostos a dar à revolução todas as metralhadoras pesadas que forem necessárias. E se o outro terço não o faz, não é de modo algum por estar em desacordo com a causa do povo argelino. Pelo contrário, esse outro terço constantemente faz com que o povo saiba que tem o seu apoio moral. E se esforça para o exprimir de modo concreto.

A força da revolução argelina reside a partir de agora na mutação radical que se produziu no argelino.

O general De Gaulle, dirigindo-se aos extremistas da Argélia, declarou recentemente que "a Argélia de papai está morta". Isso é bem verdade. Mas é preciso ir mais longe. A Argélia do irmão mais velho está igualmente morta. Há uma nova Argélia, uma nação argelina, um governo argelino. Mais cedo ou mais tarde, será preciso encarar as evidências.

Nestas páginas, veremos as convulsões sucedidas na consciência do argelino. Veremos as fissuras a partir das quais se remodelou a sociedade europeia da Argélia. Assistimos, em verdade, à agonia lenta mas certa da mentalidade do colono.

Daí a tese que frequentemente encontramos: *a morte do colonialismo é, ao mesmo tempo, a morte do colonizado e a morte do colonizador.*

As novas relações não consistem na substituição de uma barbárie por outra barbárie, de uma destruição do homem por outra destruição do homem. O que nós, argelinos, queremos é descobrir o homem por trás do colonizador; esse homem que é tanto ordenador quanto vítima de um sistema que o havia sufocado e reduzido ao silêncio. Quanto a nós, há muitos meses reabilitamos o argelino colonizado. Arrancamos o argelino da opressão secular e implacável. Nós nos colocamos de pé e agora avançamos. Quem poderá nos restituir à servidão?

Queremos uma Argélia aberta a todos, propícia a todos os gênios.

É isso o que queremos e o que faremos. Não acreditamos que exista, em qualquer lugar, uma força capaz de nos impedir.

FRANTZ FANON
Julho de 1959

1. A Argélia retira o seu véu

As TÉCNICAS DE VESTIMENTA, as tradições de vestuário e de ornamentação constituem as formas mais marcantes de originalidade, isto é, as mais imediatamente perceptíveis de uma sociedade. Dentro de um conjunto, nos limites de uma silhueta já formalmente marcada, é certo que existem mudanças de detalhes e inovações que, nas sociedades mais desenvolvidas, definem e circunscrevem a moda. Mas o estilo geral permanece homogêneo, e podemos agrupar grandes áreas de civilização, imensas regiões culturais a partir de técnicas originais, específicas, do vestuário de homens e mulheres.

É pelo vestuário que os tipos de sociedade são conhecidos primeiro, seja por reportagens ou documentos fotográficos, seja por meio de objetos fílmicos. Assim, há civilizações sem gravata, civilizações com tangas e outras sem chapéus. O pertencimento a uma dada área cultural é mais frequentemente assinalado pelas tradições de vestimenta de seus membros. No mundo árabe, por exemplo, o véu trajado pelas mulheres é imediatamente visto pelo turista. Podemos desconhecer por um bom tempo o fato de um muçulmano não consumir carne de porco ou se abster de relações sexuais diurnas durante o Ramadã, mas o véu da mulher aparece com tamanha constância que, em geral, ele já basta para caracterizar a sociedade árabe.

No Magrebe árabe, o véu faz parte das tradições de vestimenta das sociedades nacionais tunisiana, argelina, marroquina e líbia. Para turistas e estrangeiros, o véu define ao mesmo tempo a sociedade argelina e seu componente feminino.[1] No homem argelino, pelo contrário, podem ser descritas mudanças regionais menores: uso do fez nos centros urbanos, de turbantes e djelabas* no campo. A roupa masculina admite certa margem de escolha, um mínimo de heterogeneidade. A mulher, vista em seu véu branco, unifica a percepção que se tem da sociedade feminina argelina.

Obviamente, estamos na presença de um uniforme que não tolera nenhuma mudança, nenhuma variação.[2]

O haique delimita de modo muito claro a sociedade argelina colonizada. Podemos evidentemente permanecer indecisos e perplexos diante de uma menina, mas toda incerteza desaparece no momento da puberdade. Com o véu, as coisas se tornam mais precisas e ordenadas. A mulher argelina está bem diante dos olhos do observador: "aquela que se esconde por trás do véu".

Veremos que esse véu, elemento dentre outros do conjunto da vestimenta tradicional argelina, vai se tornar o alvo de uma grandiosa batalha durante a qual as forças de ocupação mobilizarão seus recursos mais poderosos e mais diversos, e na qual o colonizado manifestará uma surpreendente força inercial. A sociedade colonial, tomada em seu conjunto, com seus valores, suas linhas de força e sua filosofia, reage de modo bastante homogêneo diante do véu. Antes de 1954, mais precisamente desde

---

* Peça tradicionalmente utilizada na região do Magrebe, espécie de largo robe com mangas compridas. (N. T.)

os anos 1930-5, o combate decisivo foi travado. Os responsáveis pela administração francesa na Argélia, empregados na destruição da originalidade do povo, encarregados pelos poderes de proceder a todo custo à desintegração das formas de existência suscetíveis de evocar, de algum modo, uma realidade nacional, dedicarão o máximo de seus esforços à questão do uso do véu, concebido nesse caso como símbolo do status da mulher argelina. Essa posição não é consequência de uma intuição fortuita. É a partir das análises de sociólogos e etnólogos que os especialistas nos ditos assuntos indígenas e os responsáveis pelos gabinetes árabes* coordenam seu trabalho. Em um primeiro nível, há uma retomada pura e simples da famosa fórmula: "Tenhamos as mulheres e o resto seguirá". Essa explicação contenta-se simplesmente em assumir um aspecto científico com as "descobertas" dos sociólogos.[3]

Sob o tipo patrilinear da sociedade argelina, os especialistas descrevem uma estrutura de essência matrimonial. A sociedade árabe tem sido frequentemente apresentada por ocidentais como uma sociedade da exterioridade, do formalismo e da performance. A mulher argelina, intermediária entre as forças sombrias e o grupo, parece assumir então uma importância primordial. Por trás do patriarcado visível, manifesto, afirma-se a existência, mais capital, de um matriarcado de base. Os papéis da mãe argelina, da avó, da tia, da "velha" são inventariados e especificados.

A administração determina: "Se quisermos ferir a sociedade argelina em sua estrutura, em suas faculdades de resis-

---

* Os *bureaux arabes*, em francês, eram estruturas administrativas instaladas pela França no período colonial. (N. T.)

tência, devemos primeiro conquistar as mulheres; devemos procurá-las por trás do véu sob o qual se dissimulam e nas casas onde os homens as escondem".

É a situação da mulher que será então tomada como tema de ação. A administração dominante quer defender solenemente a mulher humilhada, marginalizada, enclausurada... Descrevem as imensas possibilidades da mulher, infelizmente transformada pelo homem argelino em objeto inerte, depreciado e até mesmo desumanizado. O comportamento do argelino foi denunciado com muita firmeza e assimilado a resquícios medievais e bárbaros. Com uma ciência infinita, o estabelecimento de uma acusação padrão contra o argelino sádico e vampiro em sua atitude para com as mulheres é bem empreendido e conduzido. O ocupante acumula em torno da vida familiar do argelino todo um conjunto de julgamentos, avaliações e considerações, multiplica as anedotas e os exemplos edificantes, tentando assim aprisionar o argelino em um círculo de culpa.

As associações de ajuda mútua e de solidariedade para as mulheres argelinas se multiplicam. As lamentações se organizam. "Querem envergonhar o argelino pelo tratamento que reserva à mulher." É o período de efervescência e de aplicação de toda uma técnica de infiltração durante o qual bandos de assistentes sociais e de promotoras de obras de caridade avançam sobre os bairros árabes.

Primeiro, é o cerco a mulheres indigentes e famintas que é empreendido. Cada quilo de sêmola distribuído corresponde a uma dose de indignação contra o véu e o confinamento. Depois da indignação, os conselhos práticos. As mulheres argelinas são convidadas a desempenhar um "papel fundamental, capital" na transformação de seu destino. Elas são pressionadas a dizer "não" a uma sujeição secular. Descrevem-lhes o enorme papel que elas têm que desempenhar. A administração colonial investe importantes somas nesse combate. Depois de estabelecer que a mulher constitui o pivô da sociedade argelina, todos os esforços são feitos para obter o controle sobre elas. O argelino, é certo, não se moverá, resistirá ao empreendimento da destruição cultural conduzido pelo ocupante, vai se opor à assimilação até que sua mulher inverta o jogo. No programa colonialista, cabe à mulher a missão histórica de impelir o homem argelino. Converter a mulher, conquistá-la para os valores estrangeiros, arrancá-la de seu status é ao mesmo tempo conquistar um poder real sobre o homem e possuir os meios práticos, eficazes, de destruir a cultura argelina.

Ainda hoje, em 1959, o sonho de uma domesticação total da sociedade argelina com a ajuda das "mulheres sem véu e cúmplices do ocupante" não deixou de assombrar os responsáveis políticos da colonização.[4]

Os homens argelinos, por sua vez, são objeto de crítica de seus camaradas europeus ou, mais oficialmente, de seus patrões. Não há um trabalhador europeu que, no contexto das relações interpessoais do estaleiro, da oficina ou do escritório, não seja levado a fazer ao argelino as perguntas rituais: "Sua mulher usa o véu? Por que não decide viver do jeito europeu? Por que não levar sua mulher ao cinema, ao jogo, ao café?".

Os patrões europeus não se contentam com a atitude questionadora ou com o convite pormenorizado. Eles empregam estratégias hábeis para encurralar o argelino, e exigem dele decisões dolorosas. Por ocasião de uma festa, Natal ou Ano-Novo, ou simplesmente de algum evento interno em uma empresa, o patrão convida "o empregado argelino e sua mulher". O convite não é coletivo. Cada argelino é chamado ao escritório da direção e é nominalmente convidado a vir com "sua pequena família": como a empresa é uma grande família, seria malvisto se alguns viessem sem a esposa, você entende, não é?... Diante desse ultimato, o argelino às vezes passa por momentos difíceis. Vir com a esposa é se dar por vencido, é "prostituir sua mulher", exibi-la, abandonar uma modalidade de resistência. Por outro lado, ir sozinho é se recusar a dar satisfação ao patrão, é correr o risco de perder o emprego.

O estudo de um caso escolhido ao acaso — a saber, o desenvolvimento de emboscadas armadas pelo europeu para forçar o argelino a se distinguir, a declarar: "Minha mulher usa o véu, ela não sairá", ou a trair: "Já que querem vê-la, ei-la aqui" — demonstraria em suma, no nível psicológico, o caráter sádico e perverso dos laços e das relações, a tragédia da situação colonial, o confronto ponto a ponto de dois sistemas, a epopeia da sociedade colonizada com suas especificidades de existência diante da hidra colonialista.

Com o intelectual argelino, a agressividade aparece em toda a sua intensidade. O felá, "escravo passivo de um grupo rígido", encontra certa indulgência diante do julgamento do conquistador. Por outro lado, o advogado e o médico são denunciados com excepcional vigor. Esses intelectuais, que mantêm a esposa em um estado de semiescravidão, são literalmente escolhidos a dedo. A sociedade colonial se insurge com veemência contra essa marginalização da mulher argelina. Inquietam-se, preocupam-se com essas infelizes, condenadas "a fazer filhos", muradas, proibidas.

Diante do intelectual argelino, os argumentos racistas surgem com um particular desembaraço. Ainda que seja médico, dirão, não é menos árabe por isso... "Ele não nega o sangue"... As ilustrações desse racismo podem ser multiplicadas ao infinito. Claramente, o intelectual é repreendido por limitar a extensão dos hábitos ocidentais adquiridos, por não desempenhar seu papel de núcleo ativo da transformação da sociedade colonizada, por não fazer com que sua mulher desfrute dos privilégios de uma vida mais digna e profunda... Nas grandes aglomerações, é absolutamente comum ouvir um europeu confessar com amargura nunca ter visto a mulher de um argelino que conhece há vinte anos. Em um nível de apreensão mais difuso, mas altamente revelador, encontramos a constatação amarga de que "trabalhamos em vão", de que "o islã mantém sua presa".

Ao apresentar o argelino como uma presa disputada com igual ferocidade pelo islã e pela ocidental França, todo o modo de pensar do ocupante, sua filosofia e sua política se encontram assim explicitados. Com efeito, essa expressão indica que o ocupante, insatisfeito com seus fracassos, apresenta de forma simplificadora e pejorativa o sistema de valores com o auxílio do qual o ocupado se opõe às suas inúmeras ofensivas. Aquilo que é desejo de singularização, preocupação em manter intactos alguns fragmentos da existência nacional, é assimilado a condutas religiosas, mágicas, fanáticas.

Essa recusa do conquistador assume, a depender das circunstâncias ou dos tipos de situações coloniais, formas originais. Em geral, embora essas condutas tenham sido bastante bem estudadas durante os últimos vinte anos, não podemos afirmar que as conclusões a que chegaram sejam totalmente válidas. Os especialistas em educação básica dos países subdesenvolvidos ou os técnicos no aperfeiçoamento das sociedades atrasadas se beneficiariam da compreensão do caráter estéril e nefasto de toda abordagem que iluminasse preferencialmente um elemento qualquer da sociedade colonizada. Mesmo no contexto de uma nação recém-independente, não podemos atacar essa ou aquela parte do todo cultural sem que haja riscos para o trabalho empreendido (não para o equilíbrio psicológico do autóctone). Mais precisamente, os fenômenos de contra-aculturação devem ser compreendidos como a impossibilidade orgânica na qual uma cultura se encontra de modificar qualquer um de seus tipos de existência sem ao mesmo tempo repensar seus valores mais profundos, seus modelos mais estáveis. Falar de contra-aculturação em uma situação colonial é um contrassenso. Os fenômenos de resistência observados no colonizado devem ser relacionados a uma atitude de contra-assimilação, de manutenção de uma originalidade cultural, logo nacional.

As forças ocupantes, ao assentarem sobre o véu da mulher argelina o máximo de sua ação psicológica, naturalmente deveriam obter alguns resultados. Então, acontece aqui e ali de se "salvar" uma mulher cujo véu, simbolicamente, se retira.

Essas mulheres-prova, com o rosto nu e o corpo livre, circulam a partir de agora como uma moeda forte na sociedade europeia da Argélia. Reina em torno delas uma atmosfera de iniciação. Os europeus, superexcitados e plenos de sua vitória, apoderados por uma espécie de transe, evocam os fenômenos psicológicos da conversão. E, de fato, na sociedade europeia, os agentes dessa conversão ganham em consideração. Eles são invejados. Eles são levados à benevolente atenção da administração.

Os responsáveis no poder, após cada sucesso registrado, reforçam sua convicção na mulher argelina concebida como suporte da penetração ocidental na sociedade autóctone. Cada véu retirado descortina horizontes até então proibidos aos colonialistas e lhes mostra, peça por peça, a carne argelina desnudada. A agressividade do ocupante, suas esperanças, sai multiplicada a cada rosto descoberto. Cada nova mulher argelina sem o véu anuncia ao ocupante uma sociedade argelina com um sistema de defesa em vias de deslocamento, aberto e danificado. Cada véu que cai, cada corpo que se liberta do tradicional aperto do haique, cada rosto que se oferece ao olhar ardiloso e impaciente do ocupante exprime negativamente que a Argélia começa a se renegar e aceita o estupro do colonizador. A sociedade argelina, a cada véu abandonado, parece aceitar se submeter à escola do mestre e decidir mudar seus hábitos sob a direção e a patronagem do ocupante.

Vimos como a sociedade e a administração coloniais percebem o véu e esboçamos a dinâmica dos esforços empreendidos para combatê-lo enquanto instituição e as resistências desenvolvidas pela sociedade colonizada. No âmbito do indivíduo, do europeu comum, pode ser interessante acompanhar as múltiplas condutas nascidas da existência do véu, portanto, do modo original que a mulher argelina tem de estar presente ou ausente.

Para um europeu não diretamente envolvido nesse trabalho de conversão, que reações somos levados a registrar?

A atitude dominante nos parece um exotismo romântico, fortemente tingido de sensualidade.

E, sobretudo, o véu esconde uma beleza.

Uma reflexão — dentre outras — reveladora desse estado de espírito nos foi feita por um europeu de passagem pela Argélia que, no exercício de sua profissão — ele era advogado —, viu algumas argelinas sem véu. Esses homens, disse ele, falando dos argelinos, são culpados de encobrir tantas belezas extraordinárias. Quando um povo oculta tais sucessos, tamanhas perfeições da natureza, concluiu esse advogado, é um dever mostrá-las, expô-las. No extremo, acrescentou, deveríamos poder forçá-los a fazê-lo.

Nos bondes, nos trens, uma trança de cabelo discernida ou um pedaço de testa, um esboço de um rosto "estonteante", mantêm e reforçam a convicção do europeu em sua atitude irracional: a mulher argelina é a rainha de todas as mulheres.

Mas, igualmente, há no europeu a cristalização de uma agressividade, o tensionamento de uma violência diante da mulher argelina. Retirar o véu dessa mulher é colocar em evidência a beleza, é desnudar seu segredo, quebrar sua resistência, torná-la disponível para a aventura. Esconder o rosto é também dissimular um segredo, é fazer com que exista um mundo de mistério e do oculto. De modo confuso, o europeu vive em um nível muito complexo sua relação com a mulher argelina. Ele deseja colocá-la ao seu alcance, torná-la um eventual objeto de posse.

Essa mulher que vê sem ser vista frustra o colonizador. Não há reciprocidade. Ela não se entrega, não se dá, não se oferece. O argelino tem, em relação à mulher argelina, uma atitude em geral clara. Ele não a vê. Há até mesmo um desejo permanente de não reparar no perfil feminino, de não prestar atenção nas mulheres. Não há, portanto, no argelino, na rua ou em uma estrada, essa conduta do encontro intersexual que descrevemos nos níveis do olhar, da presença, da postura muscular, dos diferentes comportamentos conturbados aos quais nos habituou a fenomenologia do encontro.

O europeu diante da argelina quer ver. Ele reage de modo agressivo diante dessa limitação de sua percepção. Frustração e agressividade aqui novamente evoluirão em perfeita harmonia.

A agressividade surgirá primeiro nas atitudes estruturalmente ambivalentes e no material onírico que se evidencia indistintamente no europeu comum ou que sofre de transtornos neuropáticos.[5]

Em uma consulta médica, por exemplo, ao final da manhã, é comum ouvir os médicos europeus expressarem sua decepção. As mulheres que retiram o véu diante deles são banais, vulgares, não há realmente nenhum motivo para fazer esse mistério todo em torno delas... Eles se perguntam o que elas estão escondendo.

As mulheres europeias resolvem seu conflito com muito menos cautela. Elas afirmam, peremptoriamente, que não se esconde o que é belo, e detectam nesse estranho costume um desejo "bastante feminino" de esconder imperfeições. Comparam a estratégia da mulher europeia, que busca endireitar, embelezar, valorizar (a estética, o penteado, a moda), e a da argelina, que prefere cobrir, esconder, cultivar a dúvida e o desejo do homem. Em outro nível, argumentam que há um desejo de enganar sobre a "mercadoria" e que colocá-la em uma embalagem não muda realmente sua natureza nem seu valor.

O material onírico fornecido pelos europeus designa outros temas privilegiados. Jean-Paul Sartre, em seu *Reflexões sobre a questão judaica*, mostrou que, no nível do inconsciente, a mulher judia quase sempre cheira a estupro.

A história da conquista francesa na Argélia, ao relatar a irrupção de tropas nos povoados, o confisco de bens e o estupro de mulheres, o saque de um país, contribuiu para o nascimento e a cristalização da mesma imagem dinâmica. A evocação dessa liberdade dada ao sadismo do conquistador, a seu erotismo, cria, no nível das estratificações psicológicas do ocupante, falhas, pontos férteis nos quais podem emergir tanto comportamentos oníricos como, em certas ocasiões, comportamentos criminosos.

É assim que o estupro da mulher argelina em um sonho europeu é sempre precedido pelo rasgar do véu. Assistimos a uma dupla defloração. Do mesmo modo, o comportamento da mulher não é nunca de adesão ou de aceitação, mas de prostração.

Sempre que o europeu, em sonhos de conteúdo erótico, encontra a mulher argelina, manifestam-se as particularidades de suas relações com a sociedade colonizada. Esses sonhos não se desenrolam nem sobre o mesmo plano erótico, nem no mesmo ritmo daqueles que envolvem a europeia.

Com a mulher argelina, não há conquista progressiva, revelação recíproca, mas de imediato, com o máximo de violência, possessão, estupro, quase assassinato. O ato assume uma brutalidade e um sadismo paraneuróticos mesmo no europeu comum. Essa brutalidade e esse sadismo são também ressaltados pela atitude assustada da argelina. No sonho, a mulher-vítima grita, se debate como uma corça e, desfalecida, desmaiada, é penetrada, dilacerada.

É preciso também ressaltar no material onírico um aspecto que nos parece importante. O europeu não sonha nunca com uma mulher argelina tomada isoladamente. Nas raras vezes em que o encontro se enredou sob o signo do casal, foi rapidamente transformado pela fuga descontrolada da mulher que, inevitavelmente, conduz o macho "às mulheres". O europeu sonha sempre com um grupo de mulheres, com um campo de mulheres, que não deixa de evocar o gineceu, o harém, temas exóticos fortemente implantados no inconsciente.

A agressividade do europeu será igualmente expressa em considerações sobre a moralidade da argelina. Sua timidez e reserva se transformarão, segundo as leis banais da psicologia do conflito, em seu oposto, e a argelina será hipócrita, perversa e até mesmo uma autêntica ninfomaníaca.

Vimos que muito rapidamente a estratégia colonial de desagregação da sociedade argelina, no nível dos indivíduos, concedia um lugar de primeira ordem à mulher argelina. O encarniçamento do colonialista e seus métodos de luta naturalmente provocarão no colonizado comportamentos reacionais. Diante da violência do ocupante, o colonizado é levado a definir uma posição de princípio em relação a um elemento antes inerte da configuração cultural autóctone. É a raiva do colonialista em querer tirar o véu da argelina, sua aposta em conquistar, custe o que custar, a vitória contra o véu que originarão o alicerce do autóctone. O propósito deliberadamente agressivo do colonialista em torno do haique confere uma sobrevida a esse elemento morto, porque estabilizado, sem evolução na forma e no colorido, do estoque cultural argelino. Encontramos aqui uma das leis da psicologia da colonização. Em um primeiro momento, é a ação, são os projetos do ocupante que determinam os centros de resistência em torno dos quais se organiza o desejo de permanência de um povo.

É o branco que cria o negro. Mas é o negro que cria a negritude. À ofensiva colonialista em torno do véu, o colonizado opõe o culto ao véu. O que era um elemento indiferenciado em um conjunto homogêneo adquire um caráter tabu, e a atitude de determinada argelina diante do véu estará constantemente relacionada à sua atitude geral diante da ocupação estrangeira. O colonizado, perante a ênfase dada pelo colonialista a esse ou àquele setor de suas tradições, reage de modo muito violento. O interesse posto em modificar esse setor, a afetividade inversa do conquistador em seu trabalho pedagógico, suas orações e suas ameaças tecem em torno do elemento privilegiado um verdadeiro universo de resistências. Enfrentar o ocupante nesse elemento específico é infligir-lhe um fracasso espetacular, é sobretudo manter em "coexistência" suas dimensões de conflito e de guerra latentes. É conservar a atmosfera de paz armada.

Por ocasião da luta de libertação, a atitude da mulher argelina e da sociedade autóctone em relação ao véu sofrerá mudanças significativas. O interesse por essas inovações reside no fato de que elas não foram em nenhum momento incluídas no programa da luta. A doutrina da revolução e a estratégia de combate nunca postularam a necessidade de uma revisão do comportamento em relação ao véu. Podemos afirmar a partir de agora que, na Argélia independente, tais questões não serão levantadas, pois na prática revolucionária o povo entendeu que os problemas são solucionados no próprio movimento que os produz.

Até 1955, o combate era travado exclusivamente por homens. As características revolucionárias desse combate, a necessidade de uma clandestinidade absoluta, obrigam o militante a manter sua mulher na completa ignorância. À medida que o inimigo se adapta às formas de combate, surgem novas dificuldades que exigem soluções originais. A decisão de engajar as mulheres como elementos ativos na revolução argelina não foi tomada de forma leviana. Em certo sentido, é a própria concepção do combate que precisava ser modificada. A violência do ocupante, sua ferocidade, seu apego delirante ao território nacional levam os dirigentes a não mais excluir certas formas de combate. Progressivamente, a urgência de uma guerra total é sentida. Mas engajar as mulheres não corresponde somente ao desejo de mobilizar a nação como um todo. É preciso aliar harmoniosamente a entrada das mulheres na guerra e o respeito pelo tipo de guerra revolucionária. Em outras palavras, a mulher deve responder com tanto espírito de sacrifício quanto os homens. É preciso, assim, ter nela a mesma confiança que se exige quando se trata de militantes experientes e que já foram várias vezes presos. É preciso, assim, exigir da mulher uma elevação moral e uma força psicológica excepcionais. Hesitações não faltaram. As engrenagens revolucionárias haviam alcançado tamanha envergadura que a máquina funcionava em um ritmo determinado. Era preciso complicar a máquina, ou seja, aumentar suas redes sem alterar sua eficiência. As mulheres não poderiam ser concebidas como produto substitutivo, mas sim como um elemento capaz de responder adequadamente às novas tarefas.

Nas montanhas, as mulheres ajudavam o resistente durante as paradas ou convalescenças após uma ferida ou uma febre tifoide contraída no *djebel*.* Mas a decisão de incorporar a mulher como um elo capital, de forma que a revolução dependesse de sua presença e de sua ação neste ou naquele setor, era evidentemente uma atitude totalmente revolucionária. Assentar a revolução sobre um ponto qualquer, sobre sua atividade, era uma opção importante.

Tal decisão foi dificultada por várias razões. Durante todo o período de incontestável dominação, vimos que a sociedade argelina, sobretudo as mulheres, tendia a fugir do ocupante. A tenacidade do ocupante em sua empreitada para retirar o véu das mulheres, torná-las aliadas no trabalho de destruição cultural, reforçou comportamentos tradicionais. Esses comportamentos, positivos na estratégia de resistência à ação corrosiva do colonizador, têm naturalmente efeitos negativos. A mulher, sobretudo a das cidades, perde em tranquilidade e segurança. Tendo de domesticar espaços restritos, seu corpo não adquire uma mobilidade normal diante de um horizonte ilimitado de avenidas, extensas calçadas, casas, carros, pessoas evitadas, esbarradas... Essa vida relativamente enclausurada e de deslocamentos conhecidos, repertoriados e regulados compromete seriamente toda revolução imediata.

Os chefes políticos conheciam perfeitamente essas singularidades, e suas hesitações expressavam a consciência que tinham de suas responsabilidades. Eles tinham o direito de duvidar do sucesso dessa medida. Tal decisão não teria consequências catastróficas para o curso da revolução?

A essa dúvida se acrescentava um elemento igualmente importante. Os responsáveis hesitavam em engajar as mulhe-

---

* Área montanhosa de um país árabe. (N. T.)

res, não ignorando a ferocidade do colonizador. Os líderes da revolução não tinham nenhuma ilusão quanto às capacidades criminosas do inimigo. Quase todos haviam passado por suas prisões ou conversado com sobreviventes dos campos ou das celas da polícia judiciária francesa. Nenhum deles ignorava o fato de que toda argelina presa seria torturada até a morte. É relativamente fácil aventurar-se por esse caminho e admitir entre diferentes possibilidades a de morrer sob tortura. A questão é um pouco mais difícil quando é preciso designar alguém que manifestamente corre o risco de morrer dessa maneira. No entanto era necessário decidir sobre a entrada da mulher na revolução; as oposições internas foram massivas e cada decisão suscitava as mesmas hesitações, dando origem ao mesmo desespero.

Os observadores, diante do sucesso extraordinário dessa nova forma de combate popular, compararam a ação das argelinas à de certas resistentes ou mesmo de agentes secretos de serviços especializados. É preciso sempre ter em mente o fato de que a argelina engajada aprende por instinto tanto o seu papel de "mulher sozinha na rua" quanto sua missão revolucionária. A mulher argelina não é um agente secreto. É sem aprendizado, sem relatos, sem histórias que ela sai à rua com três granadas na bolsa ou com o relatório de atividade de determinada zona na blusa. Ela não tem a sensação de interpretar um papel lido repetidas vezes em romances ou visto no cinema. Não existe esse coeficiente de jogo, de imitação quase sempre presente nessa forma de ação quando a estudamos em uma ocidental.

Não é a apresentação de um personagem conhecido e mil vezes visto na imaginação ou nas narrativas. É um nascimento autêntico, em estado puro, sem propedêutica. Não há personagem a ser imitado. Há, pelo contrário, uma dramatização intensa, uma indistinção entre a mulher e a revolucionária. A mulher argelina eleva-se de imediato ao nível da tragédia.[6] A multiplicação de células da FLN, a extensão das novas tarefas, finanças, informações, contraespionagem, formação política, a necessidade de constituir, para uma mesma célula em exercício, três ou quatro células de substituição, de reserva, prontas para entrar em atividade ao menor alerta concernente àquela em primeiro plano, obrigam os líderes a procurar outros elementos para o cumprimento de missões estritamente individuais. Após uma série final de confrontos entre lideranças, e sobretudo diante da urgência dos problemas cotidianos colocados à revolução, é tomada a decisão de engajar concretamente o elemento feminino na luta nacional.

É preciso insistir uma vez mais sobre o caráter revolucionário dessa decisão. De início são as mulheres casadas que são contactadas. Mas muito rapidamente essas restrições serão abandonadas. Primeiro foram escolhidas as mulheres casadas com militantes. Em seguida, foram designadas viúvas ou divorciadas. De todo modo, não houve nunca jovens. Primeiro porque uma jovem, mesmo aos vinte ou 23 anos, tem poucas oportunidades de sair sozinha da casa de sua família. Mas os deveres de mãe ou de esposa dessa mulher, a preocupação em reduzir ao mínimo as eventuais consequências de sua prisão e de sua morte, assim como o voluntariado cada vez mais numeroso de jovens, levam os responsáveis políticos a fazer um outro salto, a banir toda restrição, a se apoiar indistintamente nas mulheres argelinas como um todo.

Durante esse tempo a mulher, agente de ligação, carregando panfletos, precedendo cerca de cem ou duzentos metros um líder em deslocamento, ainda usa o véu, mas, a partir de certo período, o maquinário da luta se move em direção à cidade europeia. O manto protetor da casbá, a cortina de segurança quase orgânica que a cidade árabe tece em torno do autóctone, é retirado, e a argelina descoberta é lançada à cidade do conquistador. Muito rapidamente ela adota uma conduta ofensiva absolutamente inacreditável. Quando um colonizado empreende uma ação contra o opressor, e quando essa opressão foi exercida sob as formas da violência exacerbada e contínua como na Argélia, ele deve superar um grande número de proibições. A cidade europeia não é o prolongamento da cidade autóctone. Os colonizadores não se estabeleceram entre os nativos. Eles cercaram a cidade autóctone, organizaram o sítio. Qualquer saída da casbá de Argel conduz ao inimigo. O mesmo acontece em Constantina, Orã, Blida ou Bona.

As cidades nativas são orquestradamente apanhadas nas malhas do conquistador. É preciso ter em mãos os projetos urbanísticos de uma cidade em uma colônia, com atenção às avaliações do estado-maior das forças de ocupação, para se ter uma ideia do rigor com que se organizou a imobilização da cidade nativa, da aglomeração autóctone.

Além das empregadas domésticas contratadas pelo conquistador, aquelas a quem indistintamente o colonizador chama de *fatmas*, a argelina, sobretudo a jovem argelina, raramente se aventura pela cidade europeia. Quase todas as suas movimentações acontecem na cidade árabe. E mesmo nela são reduzidas ao mínimo. As raras vezes em que a argelina abandona a cidade, é quase sempre por ocasião de um evento, seja ele de caráter excepcional (como a morte de um parente habitante de uma localidade vizinha) ou, mais frequentemente, por ocasião de tradicionais visitas de família em feriados religiosos, peregrinações... Nesse caso, a cidade europeia é atravessada de carro, quase sempre de manhã cedo. A argelina, a jovem argelina — fora algumas raras estudantes (que nunca têm a mesma desenvoltura de suas congêneres europeias) — na cidade europeia deve superar uma multiplicidade de proibições internas, de temores organizados subjetivamente, de emoções. Ela deve ao mesmo tempo enfrentar o mundo essencialmente hostil do ocupante e as forças de polícia mobilizadas, vigilantes, eficazes. A argelina, cada vez que entra na cidade europeia, precisa vencer a si mesma, a seus temores infantis. Ela deve retomar a imagem do ocupante, inscrita em algum lugar em sua mente e seu corpo, para então remodelá-la, para iniciar o trabalho crucial de erosão dessa imagem, torná-la irrelevante, removê-la de sua vergonha, dessacralizá-la.

As estocadas contra o colonialismo, a princípio subjetivas, são frutos de uma vitória do colonizado sobre seu antigo medo e sobre o desespero ambiente destilado dia após dia por um colonialismo que se instalou em uma *perspectiva de eternidade*.

A jovem argelina, sempre que requisitada, estabelece uma ligação. Argel não é mais uma cidade árabe, mas a zona autônoma de Argel, o sistema nervoso do dispositivo inimigo. Orã, Constantina desenvolvem suas dimensões. O argelino, ao desencadear a luta, afrouxa o laço que se apertava em torno das cidades nativas. De um ponto a outro de Argel, de Ruisseau a

Hussein-Dey, de El-Biar à rue Michelet, a revolução cria novas ligações. É a mulher argelina, a jovem argelina que, em uma proporção cada vez maior, assumirá essas tarefas. Transmitir mensagens ou complexas ordens verbais, decoradas às vezes por mulheres sem qualquer instrução, são algumas das missões confiadas à mulher argelina. Mas também ela deve ficar de vigia por uma hora, muitas vezes mais, diante de uma casa onde acontece um encontro entre líderes.

Durante esses minutos intermináveis, em que ela precisa não só evitar permanecer muito tempo parada no mesmo lugar, para não atrair a atenção, mas também evitar se afastar demais, porque é responsável pela segurança dos irmãos no interior, é comum observar cenas tragicômicas. Essa jovem argelina sem véu e "na esquina" é muito frequentemente notada por jovens que se comportam como todos os jovens do mundo, mas com um matiz particular, consequência da ideia que habitualmente se tem de uma mulher sem o véu. Comentários desagradáveis, obscenos, humilhantes. Quando essas coisas acontecem, ela precisa cerrar os dentes, andar alguns metros, escapar de transeuntes que chamem a atenção para ela, que despertem em outros transeuntes o desejo seja de fazer como eles, seja de defendê-la. Ou pode acontecer também de a mulher argelina andar carregando o dinheiro da revolução na bolsa ou numa pequena mala, 20, 30, 40 milhões, dinheiro este que servirá para suprir as necessidades das famílias de prisioneiros ou para comprar medicamentos e provisões para os esconderijos.

Esse aspecto da revolução foi conduzido pela mulher argelina com uma constância, um autocontrole e um sucesso inacreditáveis. Apesar das dificuldades internas, subjetivas, e apesar da incompreensão por vezes violenta de parte da família, a argelina assumirá todas as tarefas que lhe forem confiadas.

Mas as coisas ficarão progressivamente mais complicadas. Assim, os líderes que se deslocam e convocam guardas mulheres, jovens guias de estrada, não são mais políticos novos, ainda desconhecidos pelas forças policiais. Nas cidades, começam a transitar autênticos chefes militares em deslocamento. Estes são conhecidos, procurados. Não há um comissário de polícia que não tenha uma foto deles sobre sua mesa.

Esses militares que se deslocam, esses combatentes, estão sempre armados. São submetralhadoras, revólveres, granadas, às vezes os três ao mesmo tempo. Foi depois de muita relutância que o responsável político conseguiu fazer com que esses homens, que não podiam aceitar serem feitos prisioneiros, confiassem suas armas à jovem encarregada de os preceder, para que eles as recuperassem imediatamente caso a situação se complicasse. O cortejo avança, portanto, em plena cidade europeia. A cem metros de distância vai uma jovem, com uma mala na mão, atrás dois ou três homens aparentemente relaxados. Essa jovem, que é o farol e o termômetro do grupo, define o ritmo do perigo. Parada-partida-parada-partida, e as viaturas de polícia que seguem nos dois sentidos, e as patrulhas etc.

Havia vezes, confessarão os militares terminada a missão, em que o desejo de recuperar nossa maleta era grande, pois tínhamos medo de sermos pegos desprevenidos e não termos tempo de nos defendermos. Com essa fase, a mulher argelina penetra um pouco mais fundo na carne da revolução.

Mas é a partir de 1956 que sua atividade toma dimensões verdadeiramente gigantescas. Tendo que responder um após o outro ao massacre dos civis argelinos nas montanhas e nas cidades, a direção da revolução se viu forçada, se não quisesse ver o terror tomar conta do povo, a adotar formas de luta até então descartadas. Não analisamos o suficiente esse fenômeno, não insistimos o bastante sobre as razões que levam um movimento revolucionário a escolher essa arma chamada terrorismo.

Durante a Resistência Francesa, o terrorismo visava militares, alemães em ocupação ou as instalações estratégicas do inimigo. A técnica do terrorismo é a mesma. Atentados individuais ou coletivos por bombas ou descarrilamentos de trens. Na situação colonial, precisamente na Argélia, onde a população europeia é grande e as milícias territoriais rapidamente recrutaram o carteiro, o enfermeiro e o dono da mercearia para o sistema repressivo, o responsável pela luta se viu confrontado com uma situação absolutamente nova.

Ninguém toma facilmente a decisão de mandar matar um civil na rua. Ninguém impede sem drama de consciência que se plante uma bomba em um local público.

Os responsáveis argelinos que, dada a intensidade da repressão e a natureza frenética da opressão, presumiram poder responder aos golpes sem graves problemas de consciência descobriram que os crimes mais horríveis não constituem uma justificativa suficiente para certas decisões.

Várias vezes lideranças se arrependeram de planos ou mesmo chamaram de volta no último minuto o fedayin* en-

---

* Combatente revolucionário encarregado de tarefas especiais. (N. T.)

carregado de plantar uma bomba. Decerto havia, para explicar essas hesitações, a memória de civis assassinados ou terrivelmente feridos. Havia a preocupação política de não fazer certos gestos que arriscariam corromper a causa da liberdade. Havia também o medo de que os europeus trabalhando com a Frente fossem atingidos durante esses atentados. Tratava-se, portanto, de uma tripla preocupação: não gerar vítimas inocentes, não fornecer uma falsa imagem da revolução e manter ao seu lado os democratas franceses, os democratas de todos os países do mundo e os europeus da Argélia atraídos pelo ideal nacional argelino.

Os massacres de argelinos e as razias nos campos, no entanto, reforçam a confiança dos civis europeus, parecem consolidar o status colonial e injetar esperança no mundo colonialista. Os europeus que, na sequência de algumas ações militares do Exército nacional argelino em favor da luta do povo argelino, atenuaram suas manifestações de racismo e insolência, reencontram sua velha soberba, o desprezo tradicional.

Lembro-me da dona de uma tabacaria em Birtouta que, no dia da interceptação do avião que transportava cinco membros da Frente de Libertação Nacional, brandia de sua loja as fotos deles, gritando: "Pegaram eles! Vão lhes cortar fora aquilo mesmo que estou pensando!".

Cada golpe desferido contra a revolução, cada massacre perpetrado pelo adversário reforça a ferocidade dos colonialistas e cerca por todos os lados o civil argelino.

Trens carregados de militares franceses, a Marinha francesa nos portos de Argel e Philippeville manobrando e bombardeando, aviões a jato, milicianos que irrompem sobre os aduares e liquidam desmedidamente os homens argelinos, tudo isso contribui para dar ao povo a impressão de que está indefeso, que não está protegido, que nada mudou e que os europeus podem fazer o que quiserem. É quando ouvimos europeus declarando nas ruas: "É só cada um de nós pegar uns dez e acabar com eles, e vão ver como o problema será resolvido bem rápido". E o povo argelino, sobretudo nas cidades, vê essa jactância enlamear sua dor e constata a impunidade desses criminosos que não se escondem. Podemos pedir a qualquer argelino ou argelina de uma cidade que nomeie os torturadores e os assassinos da região.

A partir de certo ponto, uma parte do povo admite a dúvida em sua mente e se pergunta se de fato é possível resistir quantitativa e qualitativamente às ofensivas do ocupante. A liberdade vale que adentremos nesse enorme circuito do terrorismo e do contraterrorismo? Essa desproporção não expressará a impossibilidade de escapar da opressão?

Contudo outra parte do povo se impacienta e quer deter a vantagem que o inimigo ganha pela via do terror. A decisão de atacar individual e nominalmente o adversário não pode mais ser descartada. Todos os prisioneiros "abatidos enquanto tentavam fugir", os gritos dos torturados exigem que sejam adotadas novas formas de combate.

Os primeiros alvos são os policiais e os locais de reunião dos colonialistas (cafés em Argel, Orã, Constantina). A partir de então, a argelina mergulha completa e obstinadamente na ação revolucionária. É ela que carrega na bolsa as granadas e os revólveres que um fedayin pegará no último minuto, em frente a um bar, ou quando um determinado criminoso passar. Nesse ínterim os argelinos descobertos na cidade europeia são impiedosamente interrogados, presos e revistados.

Por isso é preciso seguir o caminho paralelo desse homem e dessa mulher, desse casal que leva a morte ao inimigo e a vida à revolução. Uma apoiando o outro, mas aparentemente estranhos entre si. Uma radicalmente transformada em europeia, sem embaraços, cheia de desenvoltura, insuspeita, mergulhada no ambiente, e o outro estrangeiro, tenso, caminhando em direção ao seu destino.

O fedayin argelino, ao contrário dos desequilibrados anarquistas tornados célebres pela literatura, não usa drogas. O fedayin não precisa ignorar o perigo, turvar a consciência ou esquecer. O "terrorista", assim que aceita uma missão, permite a entrada da morte em sua alma. É com a morte que ele agora tem um compromisso. Já o fedayin tem um compromisso com a vida da revolução, e com a sua própria vida. O fedayin não é um sacrificado. Certamente ele não recua diante da possibilidade de perder a vida pela independência da pátria, mas em nenhum momento ele escolhe a morte.

Se é tomada a decisão de matar um comissário de polícia torturador ou um chefe das fileiras colonialistas, é porque esses homens constituem um obstáculo ao progresso da revolução. Froger, por exemplo, simboliza uma tradição colonialista e um método inaugurado em Sétif e em Guelma em 1954. Além disso, a pretensa força de Froger cristaliza a colonização e autoriza as esperanças e aqueles que começavam a duvidar da verdadeira solidez do sistema. É em torno de homens como Froger que se reúnem e se encorajam os ladrões e assassinos do povo argelino. Isso o fedayin sabe, e a mulher que o acompanha, sua mulher-arsenal, também.[7]

Carregando revólveres, granadas, centenas de carteiras de identidade falsas ou bombas, a mulher argelina sem véu evolui como um peixe na água ocidental. Os militares e as patrulhas francesas sorriem para ela quando passam, derramam-lhe aqui e ali elogios a seu físico, mas ninguém suspeita que em suas malas encontra-se a submetralhadora que, a qualquer momento, ceifará quatro ou cinco membros de uma das patrulhas.

É preciso voltar a essa jovem, que ontem tirou seu véu, que avança sobre a cidade europeia atravessada por policiais, paraquedistas, milicianos. Ela não anda mais rente aos muros como costumava fazer antes da revolução. Convocada constantemente a se apagar diante de um membro da sociedade dominante, a argelina evitava o centro da calçada, que, em todos os países do mundo, pertence por direito àqueles que comandam.

Os ombros da argelina sem o véu estão livres. Seu andar é suave e estudado: nem muito rápido nem muito lento; as pernas estão nuas, não presas no véu, entregues a si mesmas, e os quadris estão "livres, leves e soltos".

Na sociedade tradicional, o corpo da jovem argelina lhe é revelado pela nubilidade e pelo véu. O véu cobre o corpo e o disciplina, tempera-o no exato momento em que ele experimenta sua fase de maior efervescência; o véu protege, tranquiliza, isola. É preciso ter ouvido as confissões de argelinas ou analisar os relatos de sonhos de algumas mulheres que recentemente o retiraram para apreciar a importância do véu no corpo vivido da mulher. Sem ele, elas têm a impressão de um corpo esquartejado, lançado à deriva; os membros parecem se alongar indefinidamente. Quando a argelina vai atravessar uma rua, por muito tempo persiste um erro de julgamento sobre a distância exata a percorrer. O corpo sem véu parece escapar, ir embora em pedaços. Impressão de estar malvestida, ou mesmo nua. Incompletude sentida com uma grande intensidade. Um gosto ansioso de inacabado. Uma sensação assustadora de se desintegrar. A ausência do véu altera o esquema corporal da argelina. É preciso que ela rapidamente invente novas dimensões para seu corpo, novos meios de controle muscular. É preciso que ela crie um andar de mulher-sem-véu-fora-de-casa. É preciso que ela supere toda a sua timidez, todo o seu acanhamento (pois deve se passar por uma europeia, evitando exageros, o colorido excessivo, o que atrai a atenção). A argelina que entra toda nua na cidade europeia reaprende seu corpo, reinstala-o de modo totalmente revolucionário. Essa nova dialética do corpo e do mundo é crucial no caso da mulher.[8]

Mas a argelina não está apenas em conflito com seu corpo. Ela é o elo, por vezes essencial, da máquina revolucionária. Ela carrega armas, conhece abrigos importantes. E é em função dos perigos concretos que ela enfrenta que é preciso compreender as vitórias intransponíveis que ela teve de conquistar para poder dizer ao seu responsável, ao retornar: "Missão cumprida... Nada a relatar".[9]

Outra dificuldade que merece ser apontada surgiu desde os primeiros meses de atividade feminina. Durante esses deslocamentos, com efeito, acontece de a mulher argelina sem o véu ser vista por um parente ou um amigo da família. O pai é rapidamente avisado. O pai naturalmente hesita em dar crédito a essas alegações. Depois os relatos se multiplicam. Diferentes pessoas afirmam ter visto "Zohra ou Fátima sem o véu, caminhando como uma... Deus nos proteja". O pai decide, então, exigir explicações. Assim que começa a falar, ele para. Pelo olhar firme da jovem, o pai entende que o engajamento na ação é antigo. O velho medo da desonra é varrido por um novo medo, fresco e frio, o da morte em combate ou da tortura da jovem. O pai argelino, o ordenador de todas as coisas, o fundador de todos os valores, passa então a seguir os rastros da filha, por trás da qual a família inteira se infiltra e é engajada na nova Argélia.

Véu retirado e depois recolocado, véu instrumentalizado, transformado em técnica de camuflagem, em meio de luta. O caráter de quase tabu tomado pelo véu na situação colonial desaparece quase completamente durante a luta de libertação. Mesmo as argelinas não ativamente integradas na luta se acostumaram a abandonar o véu. É verdade que em certas condições, sobretudo a partir de 1957, o véu reaparece. As missões se tornam, com efeito, cada vez mais difíceis. O adversário sabe agora, certos militantes tendo confessado sob tortura, que mulheres de aparência muito europeizada desempenham um papel fundamental na batalha. Além disso, certas europeias da Argélia são presas, e isso é angustiante para o adversário, que percebe que seu próprio dispositivo desmorona. A descoberta pelas autoridades francesas da participação de europeus na luta de libertação foi um dos marcos da revolução argelina.[10] A partir desse dia, as patrulhas francesas passam a interrogar qualquer pessoa. Europeus e argelinos são igualmente suspeitos. Os limites históricos se desagregam e desaparecem. Qualquer pessoa carregando um pacote é convidada a abri-lo e a mostrar o conteúdo. Qualquer um pode pedir satisfações a qualquer pessoa sobre a natureza de uma encomenda transportada em Argel, Philippeville ou Batna. Nessas condições, torna-se urgente dissimular o pacote dos olhares do ocupante e novamente cobri-lo com o haique protetor.

Aqui mais uma vez é preciso reaprender uma nova técnica. Carregar sob o véu um objeto bastante pesado, "muito perigoso de manusear", disse o responsável, e dar a impressão de ter as mãos livres, de que não há nada sob esse haique além de uma pobre mulher ou uma jovem insignificante. Não se trata mais apenas de colocar o véu. É preciso fingir uma "cara de Fatma" para que o soldado fique tranquilo: essa aqui é incapaz de fazer qualquer coisa.

Muito difícil. E os policiais que interrogam a apenas três metros de distância uma mulher de véu que não parece particularmente suspeita. E a bomba, adivinhamos pela expressão patética do responsável que se tratava disso, ou a bolsa de granadas, presa ao corpo por todo um sistema de cordas e correias. Porque as mãos devem estar livres, nuas, expostas, apresentadas humilde e ingenuamente aos militares para que não avancem mais. Mostrar as mãos vazias e aparentemente móveis e livres é o sinal que desarma o soldado inimigo.

O corpo da argelina que, em um primeiro momento, foi despojado, agora é inflado. Enquanto no período anterior era preciso impelir esse corpo, disciplina-lo no sentido do porte ou da sedução, aqui é preciso rebaixá-lo, torná-lo disforme, ao extremo de torná-lo absurdo. É, como vimos, a fase das bombas, das granadas, dos carregadores de metralhadoras.

Mas o inimigo é prevenido e, nas ruas, vê-se o quadro clássico de mulheres argelinas rentes ao muro, com os famosos detectores de metais, as "frigideiras", a desfilar incansavelmente sobre seus corpos. Toda mulher de véu, toda argelina se torna suspeita. Não há distinção. É o período durante o qual homens, mulheres, crianças, todo o povo argelino experimenta ao mesmo tempo sua unidade, sua vocação nacional e a transformação da nova sociedade argelina.

Ignorando ou fingindo ignorar essas condutas inovadoras, o colonialismo francês reedita, por ocasião do Treze de Maio, sua clássica campanha pela ocidentalização da mulher argelina. Empregadas domésticas ameaçadas de demissão, mulheres pobres arrancadas de seus lares e prostitutas são levadas à praça pública e *simbolicamente* têm seus véus retirados aos gritos de: "Viva a Argélia francesa!". Diante dessa nova ofensiva, reaparecem velhas reações. Espontaneamente e sem palavras de ordem, as mulheres argelinas sem véu há muito reutilizam o haique, afirmando assim que não é verdade que a mulher se liberta a convite da França e do general De Gaulle.

Por trás dessas reações psicológicas, sob essa resposta imediata e indiscriminada, é preciso ver sempre a atitude geral de recusa dos valores do ocupante, ainda que objetivamente esses valores se beneficiassem da escolha. É por falta de ter apreendido essa realidade intelectual, essa disposição de caráter (é a famosa sensibilidade do colonizado), que os colonizadores se enfurecem de sempre "lhes fazerem o bem a despeito de si mesmos". O colonialismo quer que tudo venha dele. Mas a dominante psicológica do colonizado é de se contrair diante de qualquer convite do conquistador. Organizando a famosa cavalgada do Treze de Maio, o colonialismo obrigou a sociedade argelina a redescobrir métodos de luta já ultrapassados.

Em certo sentido, as diferentes cerimônias provocaram um retrocesso, uma regressão.

O colonialismo deve aceitar que as coisas se façam sem o seu controle, sem sua direção. Lembramos a frase pronunciada em uma assembleia internacional por um político africano. Respondendo à clássica justificativa de imaturidade dos povos coloniais e de sua incapacidade de administrarem a si mesmos, esse homem reivindicava para os povos subdesenvolvidos "o direito de se governar mal". As disposições doutrinárias do colonialismo em sua tentativa de justificar a manutenção de sua dominação quase sempre obrigam o colonizado a contrapropostas delimitadas, rígidas, estáticas.

Depois do Treze de Maio, o véu é retomado, mas definitivamente despojado de sua dimensão exclusivamente tradicional.

Há, portanto, um dinamismo histórico do véu perceptível de maneira muito concreta no desenrolar da colonização na Argélia. No início, o véu é um mecanismo de resistência, mas seu valor para o grupo social permanece muito forte. Usa-se o véu pela tradição, pela separação rígida dos sexos, mas também porque o ocupante *quer tirar o véu da Argélia*. Em um segundo momento, a mudança ocorre por ocasião da revolução e em circunstâncias precisas. O véu é abandonado no curso da ação revolucionária. O que era preocupação de frustrar as ofensivas psicológicas ou políticas do ocupante se torna meio, instrumento. O véu ajuda a argelina a responder às novas questões colocadas pela luta.

A iniciativa das reações do colonizado escapa aos colonialistas. São as exigências do combate que provocam na sociedade argelina novas atitudes, novas condutas, novas modalidades de se apresentar.

2. "Aqui fala a voz da Argélia..."

NESTE CAPÍTULO, propomos estudar as novas atitudes adotadas pelo povo argelino durante a luta de libertação em relação a um instrumento técnico preciso: o rádio. Veremos que por trás desses novos comportamentos é a situação colonial como um todo que é posta em questão. Teremos a oportunidade de mostrar, ao longo deste livro, que a contestação do próprio princípio da dominação estrangeira desencadeia transformações essenciais na consciência do colonizado, na percepção que ele tem do colonizador, na sua condição de homem no mundo.

A Rádio Argel, difusora francesa instalada na Argélia há décadas, reedição ou eco da Radiodifusão Nacional Francesa instalada em Paris, representa, acima de tudo, a sociedade colonial e seus valores. Os europeus da Argélia em geral têm um aparelho de rádio. Antes de 1945, 95% dos aparelhos de rádio estavam nas mãos dos europeus. Os argelinos que os possuem são sobretudo membros da "burguesia avançada" ou alguns cabilas, anteriormente emigrados, que retornaram então ao povoado. A brutal estratificação econômica entre as sociedades dominante e dominada explica em grande parte esse estado de coisas. Mas, naturalmente, como em toda situação colonial, essa categoria de realidades ganha um colorido específico. É por isso que centenas de famílias argelinas cujo nível de vida possibilitaria a aquisição de um aparelho não o fazem. Não há, no entanto, uma decisão racional e circunstanciada na rejeição desse instrumento. Não há uma resistência organizada contra essa tecnologia. Não colocamos em evidência, mesmo após investigação, verdadeiras linhas de contra-aculturação, tal como encontramos descritas em certas monografias dedicadas a regiões subdesenvolvidas.

Ressaltemos, todavia, e esse argumento pode parecer confirmar as conclusões dos sociólogos, que com bastante frequência os argelinos, pressionados quanto às razões dessa reticência, dão a seguinte resposta: "As tradições de respeitabilidade entre nós assumem tal importância e hierarquização que nos é praticamente impossível escutar os programas radiofônicos em família. As alusões eróticas, ou mesmo as situações burlescas que visam o riso, evocadas no rádio provocam tensões insuportáveis para a família ouvinte".

A eventualidade, sempre possível, de rir na frente do chefe de família ou do irmão mais velho, de ouvir palavras amorosas ou comentários levianos em companhia, sem dúvida atrasa a difusão do aparelho de rádio na sociedade autóctone argelina. É com referência a essa primeira racionalização que é preciso compreender o hábito, adotado pelos serviços oficiais da Radiodifusão na Argélia, de indicar os programas que podem ser ouvidos em companhia e aqueles durante os quais as formas tradicionais de sociabilidade correm o risco de ser seriamente postas a prova.

Eis, então, em certo nível explicativo, a apreensão de um fato: o rádio se impõe com dificuldade à sociedade argelina. Em geral, ela recusa essa técnica que questiona sua estabilidade e os tipos tradicionais de sociabilidade; a razão invocada é que os programas na Argélia, indiferenciados porque calcados no modelo ocidental, não se adaptam à hierarquização patrilinear de tipo estrito, quase feudal, e a interditos morais múltiplos da família argelina.

A partir dessa análise, técnicas de abordagem puderam ser propostas. Entre outras, o escalonamento das transmissões em função da família considerada como um todo, visando o grupo dos homens, o das mulheres etc. Veremos, ao descrever as reviravoltas ocorridas nesse domínio por ocasião da guerra nacional, o que tal explicação sociológica contém de artificial, que erros ela comporta.

Já ressaltamos a velocidade acelerada com a qual o rádio é adotado na sociedade europeia. Sua introdução na sociedade colonizadora ocorre em uma cadência que lembra a das regiões ocidentais mais desenvolvidas. É preciso lembrar sempre que, na situação colonial, na qual, como vimos, a dicotomia social atinge uma intensidade incomparável, há um aburguesamento desenfreado e quase caricatural dos nacionais da metrópole. Para o europeu, possuir um aparelho de rádio é, com certeza, inaugurar o círculo sempre presente da possessão pequeno-burguesa ocidental, que vai do rádio à vivenda, passando pelo carro e pelo refrigerador. É também sentir a vida e o pulsar da sociedade colonial, com suas festividades, suas tradições que têm pressa de se estabelecer, seu progresso, seu enraizamento. Mas é sobretudo, no interior, nos ditos centros de colonização, o único meio de estar conectado às cidades, a Argel, à metrópole, ao mundo dos civilizados. É uma das formas de escapar da pressão inerte, passiva e esterilizante do "indigenato" circundante. É, segundo a expressão costumeira do colono, "o único meio de ainda se sentir um homem civilizado".

Nas fazendas, o rádio lembra ao colono a realidade de um poder e confere, por sua própria existência, segurança, serenidade. A Rádio Argel funda o direito do colono e reforça sua certeza na continuidade histórica da conquista, logo, de sua exploração agrícola. A música de Paris, os excertos da imprensa metropolitana, as crises governamentais francesas constituem um pano de fundo coerente do qual a sociedade colonial extrai sua densidade e sua justificação. A Rádio Argel mantém a edificação da cultura do ocupante, separa-a da não cultura, da natureza do ocupado. A Rádio Argel, a voz da França na Argélia, constitui o único centro de referência em termos de informação. A Rádio Argel é cotidianamente, para o colono, um convite a não se misturar, a não esquecer os direitos de sua cultura. Os colonialistas do interior do país, os aventureiros pioneiros, tanto o sabem que não param de repetir que, "sem o vinho e o rádio, já teríamos sido arabizados".[11]

Na Argélia, antes de 1945, o rádio, enquanto instrumento técnico de informação, multiplica-se na sociedade dominante. Ele é então, como vimos, assimilado tanto a um meio de resistência entre os europeus isolados quanto a um meio de pressão cultural da sociedade dominada. Entre os agricultores europeus, o rádio é geralmente vivenciado como uma ligação com o mundo civilizado, como instrumento eficaz de resistência à influência corrosiva de uma sociedade autóctone imóvel, sem perspectiva, atrasada e sem valor.

Para o argelino, por outro lado, a situação é totalmente diferente. Vimos que a família abastada hesita em adquirir um aparelho. Todavia, não se constatou uma resistência explícita, ordenada e fundamentada, mas antes um desinteresse tedioso por esse fragmento da presença francesa. Nos meios rurais e nas regiões mais distantes dos centros de colonização, a situação é mais clara. Há um desconhecimento do problema, ou melhor, trata-se de um problema tão longe das preocupações cotidianas do autóctone que se pode prever muito claramente o escândalo que seria perguntar ao argelino a razão pela qual ele não possui um aparelho de rádio.

O pesquisador que, durante esse período, exige respostas satisfatórias não consegue dissipar sua ignorância. Na realidade, todos os pretextos propostos devem ser recebidos com o máximo de circunspecção. No nível da experiência vivida, não se deve esperar obter uma racionalização das atitudes e escolhas.

Dois níveis de explicação podem ser abordados aqui. Como técnica instrumental em sentido estrito, o aparelho de rádio desenvolve as capacidades sensoriais, intelectuais e musculares do homem em uma dada sociedade. *O aparelho de rádio, na Argélia ocupada, é uma técnica do ocupante que, no quadro da dominação colonial, não responde a nenhuma necessidade vital do "indígena".* Como símbolo da presença francesa, como sistema material incluído na configuração colonial, o aparelho de rádio é revestido de uma valência negativa extremamente importante. A eventual multiplicação e a possível extensão das capacidades sensoriais ou intelectuais pelo rádio francês são implicitamente rejeitadas ou renegadas pelo autóctone. O instrumento técnico, as novas aquisições científicas, quando comportam uma carga suficiente para abalar determinado dispositivo da sociedade autóctone, não são nunca percebidos em si mesmos, em uma silenciosa neutralidade. O instrumento técnico se insere na situação colonial, na qual, como sabemos, os coeficientes negativos ou positivos existem sempre de modo muito aferrado.

Em outro nível, como sistema de informação, como portador de linguagem e, portanto, de mensagem, o aparelho de rádio pode ser apreendido no seio da situação colonial de modo particular. A técnica radiofônica, a imprensa e, de maneira geral, os sistemas, as mensagens, os transmissores de sinais existem na sociedade colonial segundo um status perfeitamente diferenciado. A sociedade argelina, a sociedade dominada, não participa nunca desse mundo de sinais. As mensagens transmitidas pela Rádio Argel são captadas pelos únicos representantes do poder na Argélia, pelos únicos nacionais da potência dominante, e parecem magicamente evitar os membros da sociedade "indígena". A não aquisição de aparelhos de rádio por essa sociedade reforça justamente essa impressão de um mundo fechado e privilegiado da informação colonialista. Do ponto de vista dos programas diários, antes de 1954 é claro que os elogios às tropas de ocupação são praticamente inexistentes. Aqui e ali, há certamente no rádio a evocação das grandes datas da conquista da Argélia durante as quais, com uma obscenidade que beira a inconsciência, o ocupante desonra e humilha o resistente argelino de 1830. Há também eventos comemorativos em que veteranos "muçulmanos" são convidados a depositar guirlandas aos pés da estátua do general Bugeaud ou do sargento Blandan, ambos heróis da conquista que liquidaram milhares de patriotas argelinos. Mas, em geral, não se pode afirmar que o conteúdo claramente racista ou antiargelino explique essa indiferença e essa resistência do autóctone. *A explicação parece estar mais no fato de que a Rádio Argel é percebida pelo argelino como o mundo colonial falado. Antes da guerra, o humor do argelino fizera-o definir a Rádio Argel: "Os franceses falam com os franceses".*

A partir de 1945, a Argélia aparecerá abruptamente na cena internacional. Durante semanas, os 45 mil mortos de Sétif e de Guelma alimentam os jornais e os boletins informativos de regiões até então desconhecidas ou indiferentes ao destino da Argélia. Prenunciando perturbações ainda maiores, os próprios argelinos esboçam uma transformação, afetados pelos irmãos mortos ou mutilados e pela fervorosa simpatia de homens e mulheres da América, da Europa e da África. O despertar do mundo colonial e a libertação progressiva de povos há muito em servidão situam a Argélia em um processo que a ultrapassa ao fundá-la. O aparecimento de países árabes libertados toma aqui uma excepcional importância. A primeira introdução massiva de aparelhos de rádio na Argélia é contemporânea da criação das estações transmissoras nacionais da Síria, do Egito e do Líbano.

A partir de 1947-8, os aparelhos se multiplicam, mas de forma moderada. Mesmo assim, o ouvinte argelino se interessa exclusivamente pelas rádios estrangeiras e árabes. A Rádio Argel só era sintonizada porque transmitia música argelina típica, a música nacional. Diante desse mercado argelino incipiente, os concessionários europeus vão em busca de representantes "indígenas". As empresas europeias se convencem então de que a venda dos aparelhos de rádio depende da nacionalidade do comerciante. Intermediários argelinos são cada vez mais solicitados para o comércio de aparelhos radiofônicos. Essa inovação no sistema de distribuição dos aparelhos é acompanhada por uma intensificação do mercado. É durante esse período que certa parte da pequena burguesia argelina passará a comprar aparelhos de rádio.

Mas é entre 1951-2, por ocasião das primeiras escaramuças na Tunísia, que o povo argelino sente a necessidade de aumentar sua rede de informações. Em 1952-3, o Marrocos empreende sua guerra de libertação e, em 1º de novembro de 1954, a Argélia adere à Frente Magrebina Anticolonialista. É nesse momento que se produzem, no quadro estrito da aquisição de radiorreceptores, na definição de novas atitudes face a essa técnica precisa de informação, as transformações mais cruciais.

São as reações do ocupante que indicam ao argelino que algo de grave e importante acontece no país. O europeu, através da rede tríplice da imprensa, do rádio e de seus deslocamentos, possui uma noção bastante clara dos perigos que sitiam a sociedade colonial. O argelino que decifra no rosto do ocupante a crescente derrota do colonialismo sente a necessidade imperiosa e vital de estar a par. A impressão difusa de que algo fundamental está acontecendo é reforçada não só pela decisão solene dos patriotas, que expressa o desejo secreto do povo e encarna a vontade, ontem vazia de conteúdo, de existir enquanto nação, mas sobretudo pela degradação objetiva e a olhos vistos da serenidade do colono.

A luta de libertação, detectável na súbita bondade do colono ou em sua cólera inesperada ou injustificada, coloca para o argelino a necessidade de seguir, passo a passo, a evolução do confronto. Nesse período de estabelecimento das fronteiras do conflito, os europeus multiplicaram os erros. Assim, nas fazendas, colonos reúnem os trabalhadores agrícolas para anunciar que um "bando de rebeldes", aliás desconhecido na região, foi dizimado em Orés ou na Cabila. Outras vezes, oferecem aos empregados uma garrafa de limonada ou uma fatia de bolo porque três ou quatro suspeitos acabaram de ser executados a alguns quilômetros da propriedade.

O argelino, desde os primeiros meses da revolução, para fins de autoproteção e para escapar ao que considerava como manobras mentirosas do ocupante, se vê assim levado a possuir suas próprias fontes de informação. Torna-se fundamental saber o que está acontecendo, conhecer tanto as perdas reais do inimigo quanto as próprias. O argelino, nessa época, precisa elevar a sua vida ao nível da revolução. Ele precisa entrar na vasta rede de informações; precisa se inserir em um mundo onde as coisas acontecem, onde o evento existe, onde as forças agem. O argelino, através da existência de uma guerra travada pelos seus, se lança sobre uma comunidade em ação. Às informações do inimigo, o argelino deve opor suas próprias informações. À verdade do opressor, antes rejeitada como mentira absoluta, opõe-se enfim uma outra verdade atuante. A mentira do ocupante ganha então como verdade, porque é hoje uma mentira em perigo, encurralada na defensiva. São as defesas do ocupante, suas reações e sua resistência que salientam a eficácia da ação nacional e a fazem participar de um mundo de verdade. A reação do argelino não é mais de recusa rígida e desesperada. *Por se admitir perturbada, a mentira do ocupante se torna um aspecto positivo da nova verdade da nação.*

Durante os primeiros meses da guerra, é pela imprensa escrita que o argelino tenta organizar seu sistema de informação. A imprensa democrática ainda existente na Argélia e os jornais de tradição anticolonialista ou a serviço da objetividade são então avidamente lidos pelo autóctone. É nesse setor da informação que o argelino busca elementos de reequilíbrio. O poder da mensagem colonialista, os sistemas implementados para a impor e fazer dela a *verdade* são tamanhos que, na maior parte do tempo, o colonizado tem somente sua convicção interior, cada vez mais desproporcional, para se opor às ofensivas eminentemente traumatizantes da imprensa francesa e às manifestações espetaculares do poder militar e policial. Cotidianamente confrontado com a *aniquilação dos últimos bandos*, o civil só escapa do desespero por um ato de fé, por uma crença intratável.

Progressivamente, a ajuda moral, porque objetiva, fornecida pela imprensa democrática cessa. A autocensura dos jornais locais conhecidos por sua honestidade tradicional reforça essa impressão de incompletude, de inacabamento e até mesmo de traição em termos de informação. O argelino tem a impressão de que partes da verdade lhe são escondidas. Ele tem quase certeza de que o poder colonialista está desmoronando sob seus olhos e que ele não acompanha essa agonia o suficiente. De repente, ele tem medo de que essa coisa, tantas vezes odiada, mortalmente ferida em seu *djebel*, provavelmente com os dias contados, desapareça sem lhe dar a oportunidade de ver de perto como se desmontam esse poder e essa soberba. Durante esse período, o argelino vive uma sensação de frustração. Sua agressividade permanece em suspenso porque ele não conta os pontos, porque não registra, hora após hora, as derrotas do inimigo; porque, enfim, não mede centímetro por centímetro a diminuição progressiva da potência ocupante.

O europeu, em geral, tomou de forma bastante objetiva as dimensões da rebelião. Ele realmente não acredita que, em uma bela manhã, as tropas revolucionárias poderiam se estabelecer na cidade. Com maior ou menor precisão, ele conhece a importância das forças da revolução e não deixa de compará-la com a das tropas francesas. Cada avião que cruza o céu, cada veículo blindado que avança pela manhã é como outras tantas nódoas no mundo ansioso e indeciso do colono. O europeu sente o choque, mas, nos primeiros meses de 1955, ele acredita que nada está perdido, que há sempre um futuro para o colonialismo na Argélia. As declarações oficiais ouvidas no rádio reforçam nele essa posição. O argelino, por sua vez, sobretudo nas regiões rurais, complementa a ausência de informações com um excesso absolutamente irracional. É então que ocorrem reações tão desproporcionais diante da realidade objetiva que assumem aos olhos do observador uma aparência patológica. Nos primeiros meses de 1955, circulam em Constantina que, por exemplo, Argel se encontraria nas mãos dos nacionalistas, ou em Argel rumores de que a bandeira argelina tremulava sobre Constantina, Philippeville, Batna...

Nos pequenos centros de colonização, os colonos nem sempre compreendem a brutal e súbita certeza do felá, e várias vezes são vistos telefonando para a cidade mais próxima para confirmar que nada de importante aconteceu no país. O europeu percebe que a vida que havia construído sobre a agonia do povo colonizado perde sua segurança.

Antes da rebelião, há a vida, o movimento, a existência do colono e, do outro lado, a agonia contínua do colonizado. Antes da rebelião, há a verdade do colono e o vazio do colonizado. Desde 1954, o europeu constata que uma outra vida se pôs em movimento, paralela à sua, e que, na sociedade argelina, ao que parece, as coisas não se reproduzem mais como antes. O europeu, depois de 1954, sabe que lhe escondem algo.

É o período em que a velha expressão pejorativa do "telefone árabe" ganha um significado quase científico. Nos países do Magrebe, os europeus chamam de *telefone árabe* a relativa rapidez com que as notícias são difundidas de boca em boca na sociedade autóctone. Em nenhum momento tratou-se de dissimular qualquer outra coisa por meio dessa expressão. No entanto, em 1955, ouvimos europeus e até mesmo argelinos se referirem, confidencialmente e como se revelassem um segredo de Estado, a uma técnica de transmissão remota que lembra vagamente o sistema de sinais, por tantã, tal como é encontrado em certas regiões da África. O argelino então dá ao europeu isolado a impressão de estar em contato permanente com o alto comando da revolução. Há no autóctone uma espécie de excesso de confiança amplificado, que provoca, em termos de conduta, certas manifestações particulares. É assim que podemos assistir a fenômenos de tipo amoque absolutamente típicos.

Indivíduos em pleno acesso de confusão mental ficam completamente fora de si. Eles são vistos avançando sobre uma rua ou uma fazenda isolada, desarmados ou brandindo uma pobre faca gasta, aos gritos de: "Viva a Argélia independente! Somos vencedores!". Essa conduta agressiva, de expressão altamente violenta, na maior parte do tempo termina com uma rajada de metralhadora disparada por uma patrulha. Quando o médico consegue conversar com o moribundo, as expressões mais comuns são: "Não acredite neles! Somos os mais fortes, os nossos estão chegando, estou encarregado de anunciar a chegada deles. Somos poderosos e esmagaremos o inimigo".

Acontece de esses "iluminados" estarem apenas feridos e serem entregues à polícia para interrogatório. A natureza patológica do comportamento não é percebida e, por dias a fio, o acusado é torturado até que a imprensa informe ao público que ele foi abatido tentando fugir durante uma transferência ou que morreu de uma doença intercorrente. No grupo dominante também encontramos uma efervescência de espíritos, assistimos à eclosão do medo coletivo e ao aparecimento, no colono, de escapismos criminosos. A diferença em relação ao colonizado é que, no caso do colonizador, há sempre uma passagem ao ato, assassinatos reais e múltiplos. Nós nos propomos a abordar esses diferentes problemas, nascidos da luta de libertação, em um estudo mais diretamente focado na psicopatologia, suas formas, suas originalidades, sua descrição.

O argelino, em termos de informação, vai se ver preso em uma rede estritamente delimitada no espaço. Em um povoado, todos concordam sobre a importância numérica e material do Exército de Libertação Nacional. Podemos obter, mediante solicitação, informações sobre o poderio dos armamentos e o programa das próximas operações. Evidentemente ninguém teria como precisar a fonte dessas informações, mas não há dúvidas. A descrição dada da propagação entre o povo de notícias alarmantes, catastróficas, desastrosas, quando um Exército nacional colapsa, nos serve de sistema de referência para avaliar o fenômeno inverso. Podem talvez ter descoberto segmentos da quinta-coluna, que, em 1940, eram encarregados de inocular o povo francês com o vírus da derrota, mas não poderíamos ignorar o fato de que o terreno estava preparado, de que havia uma espécie de desmobilização espiritual, explicável pelos fracassos sofridos pela democracia na Espanha, na Itália, na Alemanha, sobretudo Munique. O derrotismo de 1940 era o produto direto do derrotismo de Munique.

Na Argélia, por outro lado — e isso é verdade para todos os países coloniais que empreendem uma guerra nacional —, toda notícia é boa, toda informação é reconfortante. A quinta-coluna é uma impossibilidade na Argélia. É a constatação disso que leva os especialistas da sociologia a recuperar a velha explicação de que o "indígena" é indiferente à racionalidade ou à experiência. Os especialistas da guerra, de modo mais empírico, constatam que esses homens têm um moral de ferro ou que seu fanatismo é incompreensível. O grupo, considerado como um todo, dá a impressão de complementar suas informações com uma certeza cada vez mais dissociada da realidade. Essas manifestações, essas atitudes de crença total, essa convicção coletiva expressa a vontade do grupo de se encontrar o mais perto que der da revolução, de se possível tomar a frente da revolução, enfim, *de estar no jogo*.

Ao mesmo tempo, como dissemos, sobretudo nos centros urbanos, comportamentos mais complexos estão surgindo. Os argelinos, ávidos por informações objetivas, compram os jornais democráticos que chegam da França. É um sucesso financeiro incontestável para esses jornais. *L'Express, France-Observateur, Le Monde* multiplicam e aumentam na proporção de um para três, e até cinco vezes, suas remessas para a Argélia. Os proprietários de bancas de jornal, quase todos europeus, são os primeiros a apontar o perigo econômico e, em segundo lugar, político que essas publicações representam. Quando se estuda o problema da imprensa escrita na Argélia, é preciso sempre lembrar da existência de uma peculiaridade no sistema de distribuição. Assim, os jornaleiros, todos jovens argelinos, vendem exclusivamente a imprensa local. Os jornais europeus não são levados ao consumidor.

Esses jornais devem ser requisitados nas bancas. Os proprietários da imprensa escrita argelina sofrem imediatamente a concorrência que lhes é imposta pela imprensa vinda da França. As campanhas de denúncia apontando a imprensa "cúmplice do inimigo" e as repetidas apreensões de algumas dessas publicações assumem, evidentemente, um significado particular. Por sua vez, os proprietários se habituam cada vez mais a responder agressivamente que "a imprensa daqueles imundos não chegou hoje".

Os argelinos, nos centros urbanos, mas sobretudo nas aglomerações rurais, descobrem então que se preocupar com a chegada ou não dessa dita imprensa é suficiente para categorizá-los. Na Argélia, como na França, naturalmente de uma forma mais delimitada, os donos de bancas de jornal, bem como os das tabacarias, são principalmente antigos combatentes intensamente recrutados em formações ultracolonialistas. Para o argelino, requisitar *L'Express*, *L'Humanité* ou *Le Monde* é confessar publicamente e, na maioria das vezes, a um informante da polícia sua lealdade à revolução; é, em todo caso, indicar sem precaução que se distancia das informações oficiais e, por tanto, "colonialistas"; é manifestar o desejo de se distinguir; é, para o proprietário da banca, a afirmação sem ambiguidade, da parte desse argelino, de uma solidariedade com a revolução. A compra de tal jornal é, assim, associada a um ato nacionalista. Portanto, torna-se muito rapidamente um ato perigoso.

Cada vez que o argelino requisita um desses jornais, o representante do ocupante, que é o proprietário da banca, vê nisso uma expressão de nacionalismo, o equivalente a um ato de guerra. Progressivamente, os adultos argelinos, porque agora verdadeiramente engajados em atividades vitais para a revolução, ou por compreensível cautela, se nos referirmos à atmosfera de raiva xenófoba instalada pelos colonos franceses em 1955, se habituam a confiar aos jovens argelinos o encargo de comprar esses jornais. Mas, poucas semanas depois, o novo "truque" é descoberto. Por isso, a partir de certo período, os proprietários recusarão a venda dos jornais *L'Express*, *L'Humanité* e *Libération* a menores. Os adultos são então forçados a se expor ou a se contentar com o *L'Écho d'Alger*. É sobretudo nesse momento que a direção política da revolução dá a ordem de boicotar a imprensa argelina local.

Essa decisão servia a um duplo propósito. Primeiro, retaliar a ofensiva dos cartéis argelinos com uma medida de consequências econômicas. Ao privar os jornais argelinos de grande parte de sua clientela autóctone, o movimento revolucionário abala com bastante eficácia o mercado da imprensa local. Mas, acima de tudo, a direção política estava convencida de que, entregues apenas à informação colonialista, os argelinos sofreriam progressivamente a ação maciça e prejudicial de todas essas páginas, nas quais números e fotos eram exibidos complacentemente e, toda manhã, aconteça o que acontecer, podia-se ler às claras a eliminação da revolução.

No nível das massas, que permaneceram relativamente à margem dessa luta em torno da imprensa escrita, sentiu-se a necessidade de arranjar aparelhos de rádio. Com efeito, não se deve esquecer que o analfabetismo generalizado do povo o deixava indiferente às coisas escritas. Nos primeiros meses da revolução, a grande maioria dos argelinos identificava tudo o que estivesse escrito em língua francesa como expressão do poder conquistador. A morfologia da escrita do *L'Express* ou do *L'Écho d'Alger* era o sinal da presença francesa.

"Aqui fala a voz da Argélia..."

A aquisição de um aparelho de rádio na Argélia em 1955 representou a única maneira de obter notícias da revolução de fontes não francesas. Essa necessidade assume um caráter imperativo quando o povo descobre que, do Cairo, todos os dias, os argelinos fazem um balanço da luta de libertação. Do Cairo, da Síria, de quase todos os países árabes, refluem assim para a Argélia as grandes páginas escritas nos *djebels* pelos irmãos, pais e amigos.

Contudo, apesar desses novos dados, a introdução de aparelhos de rádio nas casas e nos aduares mais remotos é feita de maneira progressiva. Não vimos nenhum verdadeiro choque nem um enorme afluxo de radiorreceptores.

É no final de 1956 que se produz a verdadeira transformação. Nessa época, são distribuídos panfletos anunciando a existência de uma Voz da Argélia Livre.* O horário e a faixa de frequência das transmissões são especificados. Essa voz "que fala dos *djebels*", não localizada geograficamente, mas que leva a toda a Argélia a mensagem grandiosa da revolução, adquire de imediato um valor essencial. Em menos de vinte dias, todos os estoques de aparelhos de rádio são vendidos. Nos *souks*,** surge o comércio de rádios usados. Os argelinos aprendizes de radioeletricistas europeus abrem pequenas oficinas. Além disso, o comerciante deve atender a novas necessidades. O fato de imensas regiões da Argélia não terem eletricidade coloca, com efeito, problemas específicos ao consumidor. Assim, os aparelhos movidos a pilha são, a

---

* A rádio secreta Voix de l'Algérie Libre et Combattante (Voz da Argélia Livre e Combatente). (N. T.)
** Ruas comerciais ou mercados públicos em países árabes. (N. T.)

partir de 1956, os mais procurados no território argelino. Em poucas semanas, milhares de aparelhos são vendidos para argelinos. Aparelhos individuais, aparelhos adquiridos por famílias, grupos de casas, aduares, *mechtas*.*

A partir de 1956, na Argélia, a compra de um aparelho é vivida não como a adesão a uma técnica moderna de informação, mas como a única maneira de se comunicar com a revolução e de conviver com ela. No caso particular do aparelho portátil a pilha, uma forma melhorada e vanguardista do aparelho fixo operando com eletricidade, o especialista em mudanças tecnológicas nos países subdesenvolvidos poderia ver nisso a marca de uma transformação radical. De fato, o argelino dá a impressão de saltar uma etapa e alcançar de imediato as formas mais modernas de informação.[12]

Na realidade, vimos que esse "progresso" pode ser explicado pela ausência de eletricidade nos aduares argelinos.

As autoridades francesas não compreenderam, na época, a importância excepcional dessa mudança no povo argelino no que diz respeito ao aparelho de rádio. As velhas resistências intrafamiliares implodem e, nos aduares, pais, mães e filhas se acotovelam, atentos ao mostrador do aparelho, à espera da Voz da Argélia. A família argelina, subitamente indiferente ao velho pudor, à antiga sociabilidade esterilizante e desprovida de fraternidade, se descobre imune às anedotas picantes ou às frases amorosas que o operador, aqui e ali, insere durante a transmissão.

O instrumento técnico, o aparelho de rádio, perde quase magicamente — mas vimos a progressão concertada e dialé-

---

* Pequena habitação de alvenaria ou aglomeração formada por elas. (N. T.)

tica das novas necessidades nacionais — suas características como objeto do inimigo. O aparelho de rádio não faz mais parte do arsenal de opressão cultural do ocupante. Ao fazer do rádio um modo singular de resistência às pressões psicológicas e militares cada vez maiores do ocupante, a sociedade argelina, por meio de um movimento autônomo interno, decide assumir a nova tecnologia e, assim, se conectar aos novos sistemas de sinalização trazidos ao mundo pela revolução.

A Voz da Argélia Combatente terá, em termos de coesão e captura em massa do povo, uma importância crucial. Veremos que o uso das línguas árabe, cabila e francesa — expressão de uma concepção não racista, como teve que reconhecer o colonialismo — teve a vantagem de desenvolver e fortalecer a unidade do povo, de fazer com que Djurdjura existisse no combate para os patriotas argelinos de Batna ou Nemours. Os atos recortados e fragmentados, recolhidos pelo correspondente de um jornal mais ou menos ligado à dominação colonial, ou comunicados pelas autoridades militares opositoras perdem o caráter anárquico e se organizam em um pensamento político nacional e argelino, ocupam uma estratégia de conjunto, de reconquista da soberania popular. Atos dispersos se inserem em uma vasta epopeia, e assim os cabilas não eram mais o povo "das montanhas", mas os irmãos que, com Ouamrane e Krim, dificultam a vida das tropas inimigas.

Ter um aparelho de rádio era pagar um tributo à nação, adquirir o direito de fazer parte desse povo reunido na intenção da luta.

As autoridades francesas, contudo, começam a perceber a importância desse progresso popular na tecnologia da informação. Após alguns meses de hesitação, medidas legais são tomadas. A venda de rádios é então proibida, condicionada à apresentação de uma autorização emitida pela segurança militar ou pela polícia. A venda de aparelhos a pilha é objeto de uma proibição absoluta e as pilhas para reposição são praticamente retiradas do mercado. Os comerciantes argelinos têm então a oportunidade, multiplicando as fraudes, de dar provas de patriotismo, garantindo, assim, com excepcional regularidade, o fornecimento de pilhas ao povo.[13]

O argelino que deseja viver no mesmo nível da revolução tem enfim a possibilidade de ouvir uma voz oficial, a dos combatentes, que lhe explica o combate, lhe conta a história da libertação em marcha, incorpora-o, afinal, ao novo ritmo da nação.

Aqui reside um fenômeno suficientemente novo para reter nossa atenção. Os serviços franceses, extremamente técnicos e fortalecidos pela experiência adquirida durante as guerras modernas, habituados à prática da "guerra de ondas", foram rápidos em identificar as faixas de frequência do aparelho transmissor. Os programas então sofreram interferências sistemáticas e, progressivamente, tornou-se impossível ouvir A Voz da Argélia Combatente. Uma nova forma de luta havia nascido. Panfletos aconselhavam os argelinos a se manterem na escuta permanentemente por duas ou três horas. Durante a mesma transmissão, um segundo aparelho, transmitindo em outra faixa de frequência, substituía o primeiro aparelho com interferência. O ouvinte era incorporado à batalha das ondas de rádio, adivinhava as táticas do inimigo e, de uma forma quase física, muscular, frustrava a estratégia do adversário. Muitas vezes apenas o operador, com o ouvido colado no aparelho, tinha a chance inesperada de ouvir a *Voz*.

Os demais argelinos presentes na sala recebem o eco dessa voz por intermédio do intérprete privilegiado que, assim que o programa termina, é literalmente cercado. Perguntas precisas são então feitas a essa voz encarnada. O público deseja se informar sobre uma batalha relatada pela imprensa francesa nas últimas 24 horas, e o intérprete, constrangido, carregado de culpa, confessa às vezes que a Voz não havia mencionado aquilo.

Mas, de comum acordo, após uma troca de opiniões, concluem que a *Voz* se pronunciou perfeitamente sobre esses eventos, mas que o intérprete não havia compreendido as informações divulgadas. Um verdadeiro trabalho de elaboração é então iniciado. Todos colaboram, e as batalhas de ontem e de anteontem são reconstruídas de acordo com o desejo profundo e a crença inabalável do grupo. O ouvinte remedia o caráter fragmentário das notícias criando informações de forma autônoma.

Ouvir A Voz da Argélia Combatente não é uma preocupação em ouvir o outro lado, mas uma exigência interior de se unir à nação em luta, de retomar e assumir a nova formação nacional, de ouvir e recontar a grandiosa epopeia realizada nos rochedos e nos *djebels*. Todas as manhãs, o argelino comunica o resultado de suas horas de escuta. Todas as manhãs, ele complementa, para um vizinho ou um camarada, as coisas silenciadas pela Voz e responde às perguntas insidiosas feitas pela imprensa inimiga. Às afirmações oficiais do ocupante, aos boletins sensacionalistas do adversário, ele opõe informações oficialmente declaradas pelo comando da revolução.

Às vezes, é o militante que põe em circulação o suposto ponto de vista da direção política. Por causa de um silêncio sobre este ou aquele fato que, se prolongado, poderia se revelar angustiante e perigoso para a unidade do povo, toda a nação insere, ao longo da transmissão, fragmentos de sentenças e lhes confere um significado decisivo. Mal compreendida, coberta por interferências incessantes, forçada a mudar duas ou três vezes de sintonia durante a mesma transmissão, A Voz da Argélia Combatente quase nunca é ouvida de forma continuada. É uma voz entrecortada, descontínua. De um povoado ao outro, de um *gourbi** ao outro, A Voz da Argélia diz coisas novas, relata batalhas cada vez mais gloriosas, desenha claramente o colapso da potência ocupante. O inimigo perde sua densidade e, no nível da consciência do ocupado, inicia uma série de quedas essenciais. Essa Voz da Argélia que, por vários meses, viverá acossada pelas poderosas redes de interferência do adversário, essa "Palavra", embora muitas vezes inaudível, alimenta a fé do cidadão na revolução.

Essa Voz, que sentimos presente, cuja realidade podemos adivinhar, comparada com a importância das ondas de interferência emitidas pelas estações inimigas especializadas, ganha cada vez mais peso. É o poder da sabotagem inimiga que acentua a realidade e a intensidade da expressão nacional. *Palavra* da Argélia em luta e *Voz* de cada argelino, o caráter quase fantasmático da rádio dos *mujahidin*** confere ao combate sua existência máxima.

Nessas condições, afirmar ter ouvido a Voz da Argélia é, em certo sentido, alterar a verdade, mas é acima de tudo uma

---

* Na África do Norte, habitação feita de palha e terra seca. (N. T.)
** No contexto da Guerra da Argélia, combatentes do movimento de libertação nacional. O termo aparecerá ao longo do texto nas formas *mujahid* (singular), *mujahidin* (plural) e *mujahidat* (feminino plural). (N. T.)

oportunidade de proclamar a participação secreta na essência da revolução. É fazer uma escolha deliberada, embora não explícita nos primeiros meses, entre a mentira congênita do inimigo e a mentira do próprio colonizado, que de repente adquire uma dimensão de verdade.

Essa voz, muitas vezes ausente, fisicamente inaudível, que cada um sente crescer dentro de si, fundada sobre a percepção interior da Pátria, se materializa de forma inegável. Cada argelino, por sua vez, emite e transmite a nova linguagem. A modalidade de existência dessa voz lembra, por várias razões, a da revolução: ela está presente no ar, mas não objetivamente, em pedaços dispersos.[14]

O aparelho de rádio é a garantia dessa mentira verdadeira. Todas as noites, das 21 horas até a meia-noite, o argelino se põe à escuta. No final da noite, não ouvindo a Voz, às vezes abandona a agulha sobre uma frequência com interferência ou ruídos de estática e decreta que aí se encontra a voz dos combatentes. Por uma hora, a sala é preenchida pelo ruído lancinante e doloroso de interferência. O argelino, por trás de cada modulação, de cada chiado ativo, decifra não apenas palavras, mas batalhas concretas. A guerra das ondas de rádio, no *gourbi*, reedita para o cidadão o confronto armado entre o seu povo e o colonialismo. Geralmente, a vitória vai para A Voz da Argélia. Os aparelhos inimigos, uma vez terminada a transmissão, abandonam o trabalho de sabotagem. A música militar da Argélia em guerra que encerra as transmissões pode, então, preencher livremente o peito e a cabeça dos fiéis. Essas poucas notas metálicas, recompensando três horas de esperança diária, desempenharam durante meses um papel fundamental na formação e no fortalecimento da consciência nacional argelina.

No nível psicopatológico, é importante evocar alguns fenômenos relacionados ao rádio surgidos durante a Guerra de Libertação. Antes de 1954, as monografias escritas sobre os argelinos alucinados apontavam constantemente, na chamada fase de ação externa, vozes radiofônicas fortemente agressivas e hostis. Essas vozes metálicas, ofensivas, injuriosas, desagradáveis têm todas, para o argelino, um caráter acusatório, inquisitorial. O rádio, no campo da normalidade, já apreendido como modalidade da ocupação, como um tipo de invasão violenta do opressor, assume significados altamente alienantes no domínio do patológico. Além dos elementos mágicos de aparência irracional encontrados na maioria das sociedades homogêneas, isto é, nas quais toda opressão estrangeira está ausente, o rádio possui na Argélia uma valência particular. Vimos que a voz ouvida não é indiferente, não é neutra: é a voz do opressor, do inimigo. A palavra não é recebida, decifrada, compreendida, mas rejeitada. A comunicação não está nunca em questão, mas é recusada precisamente porque a abertura de si mesmo ao outro é organicamente excluída da situação colonial. Antes de 1954, o rádio é, em termos psicopatológicos, um objeto ruim, ansiogênico e amaldiçoado.

A partir de 1954, esse aparelho assume significados completamente novos. A radiocomunicação e o aparelho receptor perdem seu coeficiente de hostilidade, despojam-se de seu caráter estrangeiro e se organizam na ordem coerente da nação em luta. Nas psicoses alucinatórias, a partir de 1956, as vozes radiofônicas tornam-se protetoras, cúmplices. Insultos e acusações desaparecem e dão lugar a palavras de encorajamento. A tecnologia estrangeira, "digerida" por ocasião da luta nacional, se tornou um instrumento de luta para o povo e um órgão protetor contra a ansiedade.[15]

Ainda no plano da comunicação, é preciso ressaltar a aquisição de valores inéditos pela língua francesa. Efetivamente, a língua francesa, língua de ocupação, veículo do poder de opressão, parecia condenada por toda a eternidade a julgar pejorativamente o argelino. Toda expressão francesa relacionada ao argelino era de conteúdo humilhante. Toda palavra francesa ouvida era uma ordem, uma ameaça ou um insulto. O encontro do argelino e do europeu é delimitado por essas três esferas. A difusão em francês das transmissões da Argélia Combatente libertará a língua inimiga de seus significados históricos. A mesma mensagem transmitida em três línguas diferentes unifica a experiência e lhe confere uma dimensão universal. A língua francesa perde o caráter amaldiçoado e se revela igualmente capaz de transmitir à nação as mensagens de verdade que ela esperava. Por mais paradoxal que possa parecer, é a revolução argelina, a luta do povo argelino, que facilita a difusão da língua francesa no país.

Na psicopatologia, as frases em francês perdem o caráter automático de insulto e maldição. Os argelinos alucinados que ouvem vozes francesas relatam falas cada vez menos agressivas. No final, não é incomum ver alucinações na língua do ocupante assumirem um ar amigável de apoio, de proteção.[16]

As autoridades de ocupação também não mensuraram a importância da nova atitude do argelino diante da língua francesa. Expressar-se em francês e compreender o francês não são mais sinônimos de traição ou uma identificação empobrecedora com o ocupante. Utilizada pela Voz dos Combatentes, circulando de forma premente a mensagem da revolução, a língua francesa também se torna um instrumento de libertação. Enquanto na psicopatologia toda voz francesa, em um delírio, expressa rejeição, condenação e opróbrio, com a luta de libertação vemos o início de uma obra essencial de exorcismo da língua francesa. Assistimos a um quase apoderamento pelo "indígena" da língua do ocupante.[17]

É depois do Congresso de Soummam, em agosto de 1956, que os franceses tomam conhecimento desse fenômeno. Lembramos que nessa ocasião os líderes políticos e militares da revolução se reuniram no Vale do Soummam, precisamente no setor de Amirouche, então comandante, para lançar as bases doutrinárias da luta e constituir o Conselho Nacional da Revolução Argelina (CNRA). O fato de os trabalhos terem sido conduzidos em francês de repente revelava às forças de ocupação que a tradicional relutância geral do argelino em usar o francês no seio da situação colonial poderia não mais existir, uma vez que um confronto decisivo colocava frente a frente o desejo do povo de independência nacional e o poder dominante.

As autoridades francesas ficaram singularmente desorientadas por esse fenômeno. Primeiro, viram nele a prova, desde sempre afirmada, da incapacidade da língua árabe de lidar com os conceitos operacionais de uma guerra revolucionária moderna. Mas, ao mesmo tempo, as decisões tomadas no sistema linguístico do ocupante o obrigam a tomar consciência do caráter relativo desses signos e lançam confusão e desordem em seu sistema de defesa. Entre as diretrizes vindas da 10ª Região Militar de Argel e as do posto de comando da zona de Aïn Bessem, se estabelece um circuito de cumplicidade, uma espécie de prolongamento dos códigos. As duas ordens de realidades são objetivadas por intermédio de um único sistema linguístico.

Os partidários da integração, por sua vez, viram nisso uma nova oportunidade de afirmar a "Argélia francesa", fazendo da língua do ocupante o único meio prático de comunicação disponível para cabilas, árabes, chaouis, mozabitas etc. Essa tese, no nível da língua, retoma a própria doutrina do colonialismo: é a intervenção da nação estrangeira que põe ordem na anarquia original do país colonizado. Nessas condições, a função de *logos* é assim atribuída à língua francesa, à língua do ocupante, com implicações ontológicas no seio da sociedade argelina.

Em ambos os casos, usar a língua francesa significa tanto domesticar um atributo do ocupante quanto se mostrar permeável a signos, símbolos e, enfim, a certa ordem do ocupante. Os franceses não estudaram com seriedade suficiente esse novo comportamento do argelino diante de sua língua. Antes de 1954, a maior parte dos trabalhos nos congressos dos partidos nacionalistas acontecia em árabe. Mais precisamente, os militantes da Cabila ou de Orés aprendem o árabe durante suas atividades nacionais. Antes de 1954, falar árabe, recusando o francês como língua e como modalidade de opressão cultural, é uma forma privilegiada e cotidiana de singularização, de existência nacional. Antes de 1954, os partidos nacionalistas alimentam a esperança dos militantes e formam a consciência política do povo valorizando uma a uma as diferentes configurações, os diferentes atributos da nação ocupada. A língua árabe é, então, o tipo de existência, o meio mais real que o *Ser* da nação tem para se revelar.[18]

Em agosto de 1956, a realidade do combate e a desordem do ocupante privam a língua árabe de seu caráter sagrado, e a língua francesa de suas categorias amaldiçoadas. A nova linguagem da nação pode então ser anunciada com a ajuda de múltiplas redes de significação.

O aparelho de rádio como técnica de informação e a língua francesa como suporte de uma possível comunicação são incorporados quase simultaneamente à nação em luta.

Vimos que, com a criação da Voz da Argélia Combatente, os aparelhos de rádio se multiplicaram em proporções extraordinárias. Antes de 1954, o instrumento de recepção, a técnica radiofônica de comunicação à distância do pensamento, não era apenas um objeto neutro na Argélia. Percebido como uma correia de transmissão do poder colonialista, como um meio à disposição do ocupante para impregnar fisicamente a nação, esse aparelho é investido pelo povo de significados pejorativos. Antes de 1954, girar o botão do rádio é dar asilo à palavra do ocupante, permitindo que a linguagem do colonizador se infiltre no próprio coração da casa, o último dos bastiões supremos do espírito nacional. Antes de 1954, um aparelho de rádio em uma casa argelina é a marca de uma europeização em curso, de uma disponibilidade. É a abertura consciente à influência do dominador, à sua pressão. É a decisão de dar voz ao ocupante. Ter um aparelho é aceitar ser sitiado por dentro pelo colonizador. É manifestar que se escolhe a coabitação no quadro colonial. É, sem dúvida, entregar as armas ao ocupante.

Evocamos as razões pelas quais o povo explicava sua relutância em relação ao rádio. A preocupação em manter intactas as formas tradicionais de sociabilidade e a hierarquia da família foi então sua principal justificativa.

"Não sabemos nunca que programa vamos encontrar", "Dizem qualquer coisa", e às vezes um argumento religioso de aparência peremptória aparece: "É uma rádio de infiéis". Vimos que tais racionalizações são apenas mecanismos forjados para justificar a rejeição da presença do ocupante.

Com a criação da Voz da Argélia Combatente, o argelino se vê na obrigação vital de ouvir a mensagem, assimilá-la e assumi-la logo. Comprar um rádio, ficar de joelhos, a cabeça contra o mostrador, já não é mais apenas querer informações; no nível da enorme experiência que está acontecendo no país, significa *ouvir* as primeiras palavras da nação.

Visto que a nova Argélia em marcha decide contar sua própria história e falar, o aparelho de rádio se torna indispensável. É ele que permite que a Voz se enraíze nos povoados e nas colinas. Ter um aparelho de rádio é *entrar solenemente na guerra.*

Com a ajuda do rádio, técnica instrumental rejeitada antes de 1954, o povo argelino determina o novo impulso da revolução. Ao ouvir a revolução, o argelino existe com ela, faz com que ela exista.

A memória das rádios livres, nascidas durante a Segunda Guerra Mundial, realça a especificidade do exemplo argelino. O povo polonês, o belga e o francês, sob ocupação alemã, mantiveram contato, por meio das transmissões difundidas de Londres, com uma determinada imagem de suas nações. A esperança e o espírito de resistência ao opressor eram então diariamente alimentados e mantidos. Por exemplo, ouvir a voz da França Livre era, como lembramos, um modo de existência nacional, uma forma de combate. A participação fervorosa e quase mística do povo francês, com a voz de Londres, já foi ressaltada o suficiente para não a enfatizarmos. Na França, de 1940 a 1944, ouvir a voz da França Livre era certamente uma escuta privilegiada e essencial. Mas a escuta radiofônica, como forma de conduta, não é algo novo. A voz de Londres toma seu lugar no vasto repertório de estações transmissoras, que já existia para o francês antes da guerra. Da conduta global, instrumental do ouvinte, emerge uma figura proeminente, a da França ocupada recebendo a mensagem de esperança da França livre. Na Argélia, as coisas assumem características particulares. Primeiro, o instrumento é despojado do tradicional cortejo de interdições e proibições. Progressivamente, não apenas adquire uma categoria de neutralidade, mas lhe é atribuído um coeficiente positivo.

Aceitar a tecnologia radiofônica, comprar um aparelho e viver a nação em luta coincidem. O frenesi com que o povo esgota os estoques dos aparelhos de rádio dá uma ideia bastante precisa de seu desejo de participar do diálogo, que, a partir de 1955, é instaurado entre o combatente e a nação.

Na sociedade colonial, a Rádio Argel não é apenas uma voz entre outras. É a voz do ocupante. Aceitar a Rádio Argel é dar razão à dominação, é manifestar seu desejo de viver em harmonia com a opressão. É dar razão ao inimigo. Girar o botão do rádio é endossar a fórmula: "Aqui fala Argel, Radiodifusão Francesa". A aquisição de um aparelho entrega o colonizado ao sistema do inimigo e prepara o caminho para a expulsão da esperança de seu coração.

Contrariamente, a existência da Voz da Argélia Combatente modifica profundamente os termos do problema. Com efeito, todo argelino se sente convidado e quer se tornar um elemento reverberante da vasta rede de significados nascida do combate libertador. A guerra, fonte de eventos diários de cunho militar ou político, é amplamente comentada nos programas de notícias das rádios estrangeiras. Em primeiro plano destaca-se a voz dos *djebels*. Vimos que o caráter fantasmático e rapidamente inaudível dessa voz não altera em nada *sua realidade ouvida e seu poder*. A Rádio Argel e a radiodifusão na Argélia perdem seus atributos de soberania.

A partir de então, está terminado o tempo em que girar o botão do aparelho era automaticamente um convite endereçado ao inimigo. Para o argelino, o rádio, enquanto técnica, se diferencia. O aparelho de rádio não está mais conectado direta e exclusivamente à boca do ocupante. Para todos os lados das bandas de transmissão da Rádio Argel, em diferentes e múltiplas faixas de frequência, podem ser captadas inúmeras estações em meio às quais é possível discernir os amigos, os cúmplices dos inimigos e os neutros. Nessas condições, ter um aparelho não é se colocar à disposição do ocupante, lhe dar voz ou ceder. É, pelo contrário, no plano estrito da informação, manifestar o desejo de se distanciar, de ouvir outras vozes, de se abrir a outras perspectivas. É durante a luta de libertação e graças à criação de uma Voz da Argélia Combatente que o argelino experimenta e descobre concretamente a existência de outras vozes além de seu antigo silêncio e da voz desproporcionalmente amplificada do dominador.

O velho monólogo da situação colonial, já abalado pela existência da luta, desaparece totalmente a partir de 1956. A Voz da Argélia Combatente e todas as vozes captadas pelo aparelho de rádio revelam agora ao argelino o caráter frágil, muito relativo, a impostura enfim, da voz francesa até aqui apresentada como única. A voz do ocupante é dessacralizada.

A *Palavra* da nação e o *Verbo* da nação ordenam o mundo, renovando-o.

Antes de 1954, a sociedade autóctone como um todo rejeita o aparelho de rádio, se fecha para a evolução técnica dos métodos de informação. A sociedade argelina como um todo não aceita a radiodifusão. Não há atitude receptiva em relação à importação organizada pelo ocupante. Na situação colonial, o aparelho não atende a nenhuma necessidade do povo argelino.[19] O aparelho é percebido, pelo contrário, conforme vimos, como o meio que o inimigo tem de, sem despertar a atenção, continuar seu trabalho de despersonalização.

A luta nacional e a criação da Rádio Argélia Livre provocam no seio do povo uma transformação fundamental. O rádio é introduzido à força e não por uma implantação progressiva. Não há acúmulo de ganhos locais e adição de regiões alcançadas pouco a pouco. Assistimos a uma profunda reviravolta de cima a baixo nos meios de percepção, no próprio mundo da percepção. Na Argélia nunca houve, para dizer a verdade, em relação ao rádio, nenhuma conduta receptiva, de adesão, de aceitação. Enquanto processo mental, assistimos, a partir de 1956, a uma *quase invenção da tecnologia*.

A Voz da Argélia, criada do nada, faz a nação existir e concede a cada cidadão um novo status, *faz com que ele o saiba explicitamente*.

A partir de 1957, as tropas francesas em operação se habituam, durante as razias, a confiscar todos os aparelhos. Ao mesmo tempo, é proibida a captação de um certo número de transmissões. Hoje, as coisas evoluíram. A Voz da Argélia Combatente se multiplicou. De Túnis, de Damasco, do Cairo ou de Rabat são transmitidos programas para o povo. São os argelinos que organizam os programas. Os serviços franceses não tentam mais provocar interferências nessas transmissões poderosas e numerosas. O argelino tem todos os dias a oportunidade de ouvir cinco ou seis transmissões diferentes, em árabe ou em francês, por meio das quais pode acompanhar passo a passo o desenvolvimento vitorioso da revolução. Em termos de informação, vimos tomar forma uma depreciação da palavra do ocupante. Depois de ter imposto a voz nacional, diante do monólogo do dominador, o aparelho de rádio acolhe os sinais difundidos por todos os cantos do mundo. A Semana de Solidariedade com a Argélia, organizada pelo povo chinês, ou as resoluções do Congresso dos Povos Africanos sobre a guerra da Argélia ligam o felá à imensa onda extirpadora de tiranias.

Assim incorporado à vida da nação, o rádio terá, na fase de construção do país, uma importância excepcional. Na Argélia, não poderia haver, após a guerra, a inadequação entre o povo e aquilo que se supõe expressá-lo. A pedagogia revolucionária da luta de libertação deve comumente ser substituída por uma pedagogia revolucionária da construção da nação. A partir daí, mensuramos a utilização fecunda que pode ser feita desse instrumento que é o aparelho de rádio. A Argélia conheceu uma experiência privilegiada. Durante vários anos, o rádio terá sido para muitos uma das maneiras de dizer "não" à ocupação e de crer na libertação. A identificação da voz da revolução com a verdade fundamental da nação abriu horizontes ilimitados.

3. A família argelina

COM O ENGAJAMENTO REVOLUCIONÁRIO e a instrumentalização do véu, vimos se desenhar a transformação da mulher argelina. Compreende-se que essa mudança profunda não poderia ter ocorrido deixando intactos os outros setores da vida privada argelina.

A existência da luta de libertação nacional e o caráter progressivamente total da repressão infligem graves traumas ao grupo familiar: com o pai capturado na rua em companhia de seus filhos, despido junto deles, torturado diante dos seus olhos, a fraternidade vívida e aguda de homens de ombros nus, feridos, ensanguentados, e o marido detido, internado, aprisionado, são as mulheres que devem encontrar, então, maneiras de evitar que as crianças morram de fome. Voltaremos a esse aspecto particular e muito importante do conflito argelino. Gostaríamos de acompanhar aqui a evolução da família argelina, sua transformação, suas principais mudanças por ocasião da e durante a Guerra de Libertação.

O ponto mais importante dessa modificação, parece-nos, é que a família, homogênea e quase monolítica, é despedaçada. Cada elemento dessa família ganha em personalidade o que perde em pertencimento a um mundo de valores mais ou menos confusos. Os indivíduos se veem confrontados com opções, com novas escolhas. Os comportamentos habituais e altamente estruturados que conduzem a verdades estereotipadas de repente se revelam ineficazes e são abandonados.

A tradição, de fato, não é apenas um conjunto de gestos automáticos, um agrupamento de crenças arcaicas. No nível mais elementar, existem valores, exigência de justificação. O pai solicitado pela criança explica, comenta, legitima.

É importante mostrar que o pai colonizado, no momento da luta de libertação, dá aos filhos a impressão de estar indeciso, de evitar a escolha ou mesmo de adotar comportamentos de fuga e irresponsabilidade. Tal experiência, terrível para a criança quando ela tem como modelo de ordem apenas o círculo familiar, perde aqui sua nocividade. Essa experiência, com efeito, acontece em escala nacional e se integra ao grande choque fundador de um novo mundo, sentido sobre toda a extensão do território.

Antes de 1954, a existência de partidos nacionalistas já havia introduzido nuances na vida privada do autóctone. Os partidos nacionalistas, a ação política parlamentar, a disseminação de palavras de ordem de cisão com a França já haviam dado origem a certas contradições no seio da família. Essas posições convidam à ação a resistência inerte da sociedade colonizada. Os partidos nacionalistas tentam substituir a enrijecida imobilidade da sociedade dominada pela tomada de consciência, pelo movimento e pela criação. O povo, como um todo, dá razão a esses partidos, mas tem uma memória vívida da lendária ferocidade dos militares e policiais franceses. Testemunhas da invasão colonial ainda vivas trinta ou quarenta anos atrás muitas vezes relataram cenas da conquista. Em muitas regiões da Argélia, são preservadas as narrativas de massacres e queimadas. O conquistador se instalou com tanta força, multiplicou a tal ponto os centros de colonização que certa passividade buscada pela dominação colonial emergiu e progressivamente foi tingida pelo desespero. Antes de 1954, o filho que adota uma posição nacionalista nunca o faz, para dizer a verdade, contra o conselho do pai, mas sua atividade como militante não muda em nada sua conduta como filho no quadro da família argelina. As relações baseadas no respeito absoluto devido ao pai e no princípio de que a verdade é, antes de tudo, propriedade indiscutível dos mais velhos não são alteradas. O pudor, a vergonha, o medo de olhar para o pai, de falar em voz alta em sua presença permanecem intactos, mesmo no militante nacionalista. A ausência de ação revolucionária propriamente dita mantém a personalidade em seus esquemas habituais.

Por muito tempo, a ação política em um país colonizado foi uma ação legal que ocorria no nível parlamentar. A partir de certo período, quando as vias oficiais e pacíficas se esgotam, o militante endurece suas posições. O partido político passa à ação direta e os problemas que são colocados ao filho são problemas de vida ou morte da pátria. Correlativamente, sua atitude em relação ao pai e a outros membros da família se livra de tudo o que se revela inútil e esterilizante para a situação revolucionária. A pessoa nasce, ganha autonomia e se torna criadora de valores. O velho apego infantilizante ao pai se dissolve sob o sol da revolução. Na Argélia, após Sétif e os diferentes combates travados pelos partidos nacionalistas durante o pós-guerra, as posições se tornam mais precisas e a maturidade política do povo faz progressos significativos.

Em 1º de novembro de 1954, a revolução novamente coloca todos os problemas: os do colonialismo, mas igualmente os da sociedade colonizada. *A sociedade colonizada percebe que, para concluir a obra gigantesca na qual se lançou, para derrotar o colonialismo e realizar a nação argelina, deve fazer um imenso esforço sobre si mesma, alongar todas as suas articulações, renovar seu sangue e sua alma.* O povo compreende, durante os múltiplos episódios da guerra, que se quiser dar vida a um novo mundo deve criar do zero uma nova sociedade argelina. Para alcançar suas aspirações, o argelino deve se adaptar, em um ritmo excepcional, às novas reavaliações. A verdade, dessa vez, escapa de seus depositários tradicionais e está ao alcance de qualquer investigador. O grupo, antes à espera dos valores decifrados pelo pai, inicia em ordem dispersa uma busca individual.

Todo argelino, diante do novo sistema de valores introduzido pela revolução, é incitado a se definir, a tomar uma posição, a escolher.

O filho e o pai

No momento que o povo é convidado a adotar formas radicais de luta, a família argelina ainda está fortemente estruturada. Mas, no nível da consciência nacional, o pai mostra um atraso enorme em relação ao filho. Sem o conhecimento dos pais, há muito tempo um novo mundo nasceu e está se desenvolvendo com particular rapidez. Confusamente, é verdade, o pai outrora reteve alguns fragmentos de frases, alguns sentidos mais afiados, mas nunca a decisão de combater o ocupante com armas na mão. Não há um argelino, contudo, que não tenha se perguntado sobre o necessário questionamento da opressão. Todo argelino, pelo menos uma vez na vida, durante uma reunião ou simplesmente uma discussão, formulou o desejo de uma derrota do colonialismo. No mercado, no café, na peregrinação, durante as festas tradicionais, sempre chega um momento em que o argelino conspira contra o ocupante. Mas essas palavras se assemelham às lamentações desesperadas de todos os humilhados em todos os países do mundo. A profundidade das raízes da sociedade colonial, seu frenesi para se transformar em uma necessidade e a miséria sobre a qual ela se eleva colorem a vida com essa famosa tinta resignada que os especialistas dos países subdesenvolvidos descrevem sob o rótulo de *fatalismo*.

E é em meio a essa maldição que irrompem as primeiras salvas de novembro de 1954. Diante da revolução que corta brutalmente o mundo em dois, o pai se descobre desarmado e um pouco inquieto. Essa inquietação se transforma em angústia na presença do filho, que fica preocupado, tenso. Uma atmosfera se instala, trágica, dura... E a polícia francesa, que adivinhamos vigilante, e toda a cidade europeia, que mira seu imenso ódio contra o bairro argelino. Muitas vezes, os pais reagem de forma unívoca. As reflexões de antes de 1954 reaparecem, com o habitual cortejo de conselhos de prudência. Mas também palavras derrotistas: "Fiquem quietos, os franceses são muito fortes; vocês nunca conseguirão". O filho foge da discussão, evita responder, tenta não opor o mundo novo que ele está construindo ao universo de espera e resignação infinitas do pai. Às vezes o pai exige que o filho se acalme, abandone a luta, volte para a família, se dedique aos seus. Aos solteiros falam de casamento, e aos homens casados relembram os seus deveres. A discordância se torna flagrante.

O jovem argelino é levado a defender sua posição, a legitimar diante do pai a conduta adotada. Ele condena e rejeita com firmeza a prudência proclamada pelo pai. *Mas não há rejeição e expulsão do pai*. Assistimos, pelo contrário, ao início de um trabalho de conversão da família. O filho se torna militante e empreende a doutrinação do pai. Aliás, não são as palavras do filho que o convencerão. São, acima de tudo, as dimensões do compromisso popular, as informações que recebe sobre a repressão. A velha garantia paterna, já embotada, colapsa definitivamente. O pai não sabe mais como manter o equilíbrio. Ele então descobre que a única maneira de permanecer de pé é se juntar ao filho. É durante esse período que o pai enterra os antigos valores e se deixa levar. Jacques Lanzmann, em seu último livro, *Viva Castro*, encontra o mesmo fenômeno na sociedade cubana durante a revolução de Fidel.

"Desde sempre em nosso país, e realmente acreditávamos nisso, o pai tinha o dever de ensinar, de transmitir sua experiência ao filho. Essa experiência, senhor, era o fio que unia os membros da mesma família. Em linhas gerais, o filho estava sempre de acordo com o pai, provavelmente o senhor conhece o provérbio cubano: 'Tal pai, tal filho'?"

"Naturalmente", eu digo.

"Assim, pai e filho formavam um só, até o dia em que um homem refugiado nas montanhas, e, no entanto, ele próprio muito jovem, tirou nossos filhos de nós. Esse homem é uma espécie de Cristo, eu vos digo! O que é um pai comparado a um Cristo? Nada, senhor. Então nós, pais, nos perguntamos por que nossos filhos nos haviam deixado. Procuramos em nossas pobres cabeças a razão de tal separação e pensamos, senhor, que nossa experiência quase secular era falsa! Nossa experiência não valia nada, não era mais que uma rotina de vida que transmitíamos assim, sem refletir muito sobre isso, de pai para filho, há gerações. Um homem apenas foi suficiente, um homem que não tinha nada a oferecer além do ideal e da pureza. Era melhor do que nossa experiência, nosso dinheiro, nossa situação, nossos relacionamentos..."[20]

Todavia essa conversão do pai não elimina radicalmente os comportamentos tradicionais. O pai tem dificuldade em silenciar seu desejo de restabelecer sua soberania desmoronada e o tormento com as terríveis consequências dessa guerra aberta. Assim, nascem novas formas de oposição paterna, manifestações veladas da autoridade paterna. Se o jovem argelino decide, por exemplo, se juntar à resistência, o pai não mais o proíbe formalmente. Ele apela mais à disciplina do militante, pergunta se essa saída é uma resposta a uma mobilização ou se é uma iniciativa pessoal. Neste último caso, o pai é o primeiro a lembrar ao filho-militante os princípios da disciplina: se seus chefes precisarem de você, eles o chamarão. Assim, para se opor a um ato — a ida para a resistência — que, a partir de 1956, coloca em risco a vida dos outros membros da família que ali permaneceram, o pai não tem outro recurso senão reconhecer os novos valores e se entrincheirar por trás de outras autoridades.

Em nenhum momento assistimos a um confronto verdadeiramente doloroso. O pai se apaga diante do novo mundo e se deixa levar pelo filho. É o jovem argelino que lança a família no vasto movimento de libertação nacional. Às vezes, contudo, a situação é mais difícil. O pai, notório colaborador da administração colonialista, no próprio exercício de sua profissão, é forçado a escolher: caide, policial, *bachaga*,* eleito por fraude; ele se vê ao mesmo tempo rejeitado e condenado pela nova Argélia encarnada por seu filho. Muitas vezes ele abdica. Contudo acontece de a contaminação ser tal que não lhe é mais permitido se libertar da opressão colonialista. A longa sucessão de comprometimentos é tão imponente que voltar atrás não é possível. Várias famílias argelinas viveram essas terríveis tragédias nas quais o filho, presente na reunião que deve decidir o destino do pai, um traidor da pátria, não tem outra solução senão se aliar à maioria e aceitar os julgamentos mais decisivos. Outras vezes, é o filho que fixará no seio do comitê a participação financeira dos pais na revolução, e podemos imaginar o paradoxo dessa situação de um pai reclamando com o filho, tal como a um associado, sobre a enormidade da soma exigida pelos responsáveis... Essa derrota do pai pelas novas forças que emergem da pátria não pode deixar intactas as velhas relações que ordenavam a sociedade argelina.

A filha e o pai

Na família argelina, a filha está sempre um passo atrás do filho. Como em todas as sociedades em que o trabalho da terra representa a principal fonte dos meios de subsistência, o homem, produtor privilegiado, goza de um status quase senhorial.

---

* Título da hierarquia administrativa argelina de então, superior ao agá e ao caide. (N. T.)

O nascimento de um menino em uma família é recebido com mais entusiasmo que o de uma menina. O pai o vê, de fato, como um companheiro para o trabalho, um sucessor nas terras da família e, ao morrer, um tutor para a mãe e as irmãs. A jovem, mesmo não sendo humilhada ou negligenciada, sente muito bem os exageros feitos em torno do irmão.

A jovem, em geral, não tem a oportunidade de desenvolver sua personalidade ou de tomar iniciativas. Ela ocupa seu lugar na vasta rede de tradições domésticas da sociedade argelina. A vida da dona de casa, feita de gestos seculares, não permite nenhuma renovação. O analfabetismo, a miséria e a condição de povo oprimido mantêm e reforçam as especificidades do mundo colonizado a ponto de distorcê-las. A filha adota sem esforço os comportamentos e valores da sociedade feminina argelina. Ela aprende da boca de sua mãe o valor incomparável do homem. A mulher, em uma sociedade subdesenvolvida, especialmente na Argélia, é sempre uma menor, e o homem, irmão, tio ou marido, é sobretudo um tutor. A jovem aprende a evitar discussões com os homens, a não "levar o homem ao limite". A facilidade com que o divórcio é decidido na sociedade argelina faz com que constantemente pese sobre a mulher um medo quase obsessivo de ser mandada de volta para sua família. O jovem, por sua vez, adota o comportamento do pai.

Muito rapidamente, no quadro familiar, a jovem evita aparecer na frente do pai. Durante a puberdade, quando a menina se torna mulher, há uma espécie de acordo tácito de que o pai nunca estará cara a cara com a filha. Tudo é organizado para que o pai não saiba que sua filha atingiu a puberdade. O pai dirá que não é da sua conta, mas, na realidade, há um desejo de ignorar a nova situação da jovem. Essa necessidade, na qual se vê o pai, de não conviver com a nova mulher que se encontra no lar leva o entorno a considerar o casamento da jovem. O casamento precoce na Argélia não é um desejo de reduzir o número de bocas para alimentar, mas literalmente uma preocupação de não ter uma nova mulher sem status, uma mulher-criança na casa. A jovem que acede à condição de mulher deve se casar e ter filhos. Para a família, ter uma filha púbere em casa é um problema extremamente difícil. A filha púbere é tomável, daí o rigor com o qual é mantida em casa, protegida, monitorada. Daí também a facilidade com que ela se casa.

Nessas condições, é evidente, não compreenderíamos a jovem que desejasse escolher um marido ou recusar o homem que lhe fosse proposto pela família. A filha que sente a inquietação de seus pais e experimenta a fragilidade de sua nova situação de mulher-criança vê o casamento como liberação, como libertação, como equilíbrio definitivo. A vida de uma mulher argelina não se desenvolve de acordo com os três tempos conhecidos no Ocidente: infância, puberdade, casamento; a jovem argelina conhece apenas duas etapas: infância-puberdade e casamento. A jovem púbere na Argélia que não se casa prolonga uma situação anormal. Nunca se deve esquecer que o analfabetismo e o desemprego que reinam no país não deixam nenhuma outra solução para a jovem. Em um aduar, a mulher solteira — e já se é mulher aos dezesseis anos — deve se casar. Indefinidamente considerada menor, a mulher deve encontrar o mais rápido possível um tutor, e o pai treme com a possibilidade de morrer e abandonar a filha sem apoio e, portanto, incapaz de sobreviver.

Vemos, assim, que a filha argelina — iletrada, de véu, bloqueada, como toda a Argélia, pela dominação colonial — parece despreparada para assumir tarefas revolucionárias. A filha argelina tem vergonha de seu corpo, de seus seios, de sua menstruação. Ela tem vergonha de ser mulher diante dos seus. Ela tem vergonha de falar diante do pai, de olhar para o pai. E o pai também tem vergonha diante dela. Na realidade, uma análise aprofundada mostra que o pai vê a mulher em sua filha. No caminho inverso, a filha vê o homem em seu pai. A interdição aqui é tamanha, as proibições estão a tal ponto inscritas no centro da personalidade que a própria coabitação se torna insuportável. Esses comportamentos não deixam de evocar, como podemos ver, os ritos praticados em certos grupos para evitar a angústia que acompanha as pulsões incestuosas inconscientes. Mas, sobretudo, há uma apreciação restrita do status da mulher disponível exclusivamente para o casamento e a maternidade.

Todas essas restrições serão abaladas e questionadas pela luta de libertação nacional. A mulher argelina sem o véu, que ocupa um lugar cada vez mais importante na ação revolucionária, desenvolve sua personalidade, descobre o domínio exaltador da responsabilidade. A liberdade do povo argelino se identifica então com a libertação da mulher, com sua entrada na história. Essa mulher que, nas avenidas de Argel ou Constantina, transporta granadas ou carregadores de fuzis automáticos, essa mulher que amanhã será ultrajada, estuprada, torturada, não pode reconsiderar nem os detalhes mais ínfimos de seu comportamento anterior; essa mulher que escreve as páginas heroicas da história argelina explode o mundo acanhado e irresponsável em que vivia e, simultaneamente, colabora com a destruição do colonialismo e com o nascimento de uma nova mulher.

As mulheres na Argélia, a partir de 1955, começam a ter exemplos. Na sociedade argelina circula, com efeito, a história de mulheres cada vez mais numerosas que, nos *djebels* ou nas cidades, morrem, são aprisionadas, para que uma Argélia independente possa nascer. São essas mulheres militantes que constituem os sistemas de referência em torno dos quais a imaginação da sociedade feminina argelina entrará em ebulição. A mulher-para-casar desaparece progressivamente e dá lugar à mulher-para-a-ação. A jovem dá lugar à militante, a mulher indiferenciada, à *irmã*.

As *células femininas* da FLN recebem adesões em massa. A impaciência dessas novas recrutas é tal que muitas vezes põe em risco as tradições da clandestinidade total. Os responsáveis são levados a refrear essas manifestações de entusiasmo e radicalismo, sempre excepcionais, característicos de toda juventude que desenvolve um mundo novo. Desde sua incorporação, elas exigem as missões mais perigosas. Somente aos poucos a formação política que lhes é dada as levará a não mais considerar a luta de forma explosiva. A jovem argelina saberá então conter sua impaciência e evidenciar as qualidades insuspeitadas de calma, sangue frio e decisão.

Acontece de a jovem argelina ser procurada ou de vários membros de sua rede serem presos. Torna-se urgente a necessidade de desaparecer, de ir embora. A militante primeiro deixa a família e se refugia entre amigos. Mas logo chega, da direção da rede, a ordem de se juntar à célula de resistência mais próxima. Depois de todas as transformações anteriores — não usar mais o véu, se maquiar, sair a qualquer hora para ir sabe-se lá aonde etc. —, os pais não se atrevem mais a reagir. O próprio pai não tem mais escolha. O antigo medo da desonra passa a ser completamente absurdo em vista da imensa tragédia vivida pelo povo. Mas também a autoridade nacional que decide sobre a partida da filha para a resistência não entenderia essa relutância do pai. Há um bom tempo não é mais permitido colocar em dúvida a moralidade de uma patriota. E, acima de tudo, o combate é duro, acirrado, implacável. É preciso agir rapidamente. A jovem se junta, portanto, à resistência, sozinha com os homens. Durante vários meses, os pais não terão notícias de uma jovem de dezoito anos dormindo nas florestas ou nas grutas, percorrendo o *djebel* vestida como um homem, com um fuzil nas mãos.

A atitude do pai em relação às outras filhas que ficaram em casa ou a qualquer outra mulher encontrada na rua muda radicalmente. E a filha que não se juntou à resistência, que não milita, conhece o lugar crucial das mulheres na luta revolucionária. Os homens deixam de estar certos. As mulheres deixam de ficar em silêncio. A sociedade argelina, na luta de libertação, nos sacrifícios que consente para se libertar do colonialismo, se renova e dá origem a valores inéditos, novas relações entre os sexos. A mulher deixa de ser um complemento para o homem. *Ela literalmente conquista o seu lugar com a força de suas próprias mãos.*

Às vezes a filha, com uma nova carteira de identidade, volta para a família. Ela tem então a oportunidade de contar ao pai e à mãe sobre as ações prodigiosas que acontecem todos os dias no *djebel*. Ela mostra fotos. Ela fala de seus chefes, seus *irmãos*, da população, dos feridos, dos prisioneiros franceses. Ela olha para o pai, senta-se diante dele, fala com ele e não se constrange. E o pai não desvia o rosto, não se envergonha. Pelo contrário, ele sente uma verdadeira alegria em reencontrar sua filha, em ver sua nova personalidade irradiar pela casa; ele não está descontente de ver sua filha falando em voz alta e não lhe ocorre de modo algum lembrá-la de que a mulher deve se calar. Durante os três dias de duração da licença, o pai não sente necessidade de questionar a filha sobre sua conduta moral na resistência. Esse silêncio não expressa um desinteresse ou uma resignação pela virgindade-tabu de ontem. É que o pai está ciente do imenso passo dado pela sociedade, e essas questões que nunca deixaram de estar presentes em sua mente se revelam inoportunas e irrelevantes. A filha argelina que emerge no céu turbulento da história convida seu pai a uma espécie de transformação, de um arrancar-se de si mesmo. Perguntar a uma mulher que diariamente enfrenta a morte se ela "é decente" torna-se grotesco e ridículo. A filha militante, ao adotar novos comportamentos, escapa das tradicionais orientações. Desaparecem os antigos valores, as fobias esterilizantes e infantilizantes.

Os irmãos

Na Argélia, o irmão mais velho é o sucessor designado do pai. Os outros membros da família muito rapidamente adotam para com ele uma atitude respeitosa e deferente. Há uma série de coisas que não são feitas na presença do irmão mais velho. Empenham-se em não estar com ele no mesmo grupo de jovens em que piadas mais ou menos levianas são sempre possíveis. A atitude do irmão mais novo em relação ao mais velho é quase idêntica à do filho em relação ao pai. A transformação que encontramos nas relações entre pai e filho é encontrada aqui, mas particularmente enfatizada. Os irmãos militam, de fato, na mesma célula e, no momento da descoberta da rede, se juntam à resistência. Eles lutam na mesma unidade, sofrem juntos de fome e às vezes de falta de munição. As relações comedidas e rituais do período pré-guerra dão lugar a tipos de relações totalmente novos. Os dois irmãos estão integrados em uma ação precisa e obedecem à mesma autoridade.[21]

A antiga relação que se desenrolava no circuito fechado da família sofre alterações radicais. Acontece até de o irmão mais novo ser o responsável do grupo. E o respeito tradicional pelo irmão mais velho não inibe o chefe político ou militar. Investido de poder no seio da revolução, o *irmão* é levado a ultrapassar os automatismos e comportamentos estereotipados. O *homem* que parecia sumir por trás do *irmão* surge. O irmão mais velho não está mais necessariamente com a razão e cada um define seus novos valores.

O casal

As relações entre a mulher e o marido também mudaram durante a Guerra de Libertação. Embora todos na casa tenham funções definidas, a natureza total da luta imporá comportamentos inesperados.

Mustafá acaba de voltar para casa. Até há pouco, com outro fedayin, ele lançou várias granadas sobre as instalações da polícia judiciária, onde patriotas são torturados noite e dia. Ele não tem vontade de falar. Ele se deita e fecha os olhos.

Sua esposa o viu entrar, mas não percebeu nada. Uma hora depois, a notícia invade o bairro: dois patriotas realizaram um ataque extraordinário. Nos corredores ou no pátio, as perdas do inimigo são estimadas, calculadas. As patrulhas furiosas que já inundam as ruas são a prova irrefutável de que os nossos atingiram duramente os colonialistas. A mulher volta para o quarto e, ao ver o marido sonolento, estranho ao evento, deixa explodir seu desprezo: "Você não faria isso, é muito mais fácil ficar comendo e dormindo". E cita um vizinho preso, outro executado pelo inimigo e, por fim, o primo que enviou fotos da resistência. Tratado como covarde pela esposa, Mustafá permanecerá calado e, ao mesmo tempo, feliz com a raiva saudável de sua esposa e com o sucesso de sua missão. Esse exemplo, bastante frequente em 1956, tem um interesse considerável. Nas relações masculinas na Argélia, acusar um homem de covardia é uma injúria que só pode ser reparada com sangue. Não se pode permitir que alguém coloque em dúvida sua coragem ou virilidade, ninguém pode admitir isso. E, quando a acusadora é uma mulher, as coisas se tornam fisicamente intoleráveis. A luta de libertação leva a mulher a tal nível de renovação interior que ela chega a tratar seu marido como covarde. A mulher argelina, com bastante frequência, por alusões ou explicitamente, repreende o marido por inação, não engajamento, não militância. É o período durante o qual as jovens, entre si, juravam não se deixar casar com um homem que não pertencesse à FLN. A mulher argelina, ao perder toda a prudência, perde também todo o instinto de preservação do lar. Repreender o marido por não participar de um combate sabidamente mortífero é uma conduta no mínimo paradoxal. No entanto as mulheres não consideram a condição do homem do mesmo modo que antes. O papel do homem é exercido na ação patriótica e ninguém pode afirmar sua virilidade se não for uma das peças da nação em luta.

Às vezes, contudo, a mulher não ignora a atividade do marido. Militante desde sempre, ele desaparece com frequência e às vezes ela encontra um revólver sob o travesseiro. À medida que as buscas sucedem, a mulher cada vez mais pede ao marido que a mantenha informada. Ela exige ser inteirada sobre certos nomes e endereços de militantes a serem prevenidos caso o marido seja preso. É em nome da eficiência que ela leva o marido a consentir que se interesse pelo íntimo da ação. Evocando o caso de um militante que, tendo falado sob tortura, permitiu a destruição de toda uma rede, ela adverte o marido contra o orgulho de ser o único envolvido, escondido sob a máscara da clandestinidade. Pouco a pouco, as resistências colapsam e o casal militante unido, participando do nascimento da nação, se torna a regra na Argélia.

Às vezes o marido, na resistência há vários meses, sai de licença. Abalado pela doçura do lar, ele chega a confiar à esposa seu desejo de não voltar para as montanhas novamente. A esposa, que retomou com a intensidade que se pode imaginar sua dimensão de mulher, experimenta, como o marido, a necessidade de continuar, de não interromper essas horas densas que parecem escapar do tempo. E como sempre, nesse caso, o frenesi posto em viver a experiência é em função da eventualidade sempre possível de uma morte, no dia seguinte ou nos dias que virão. Mas é a mulher que pede ao marido que tire uma ideia dessas da cabeça: "O que você vai dizer às pessoas do povoado quando elas perguntarem? Você prometeu voltar com a independência, jurou trazer de volta a liberdade. Como você pode pensar em tornar a ter uma vida normal quando todos os homens estão ou lá nas montanhas ou na prisão?".

Muitas vezes, a mulher sem filhos que assiste à tomada em massa da nação, que vê partirem uma após a outra as jovens do povoado, decide se juntar ao marido. Claro, ela não o verá com frequência, mas os casais poderão se reencontrar em períodos de relativa calma. Não é incomum que, chegando à resistência, a mulher saiba da morte do marido. Muitas vezes ela retorna ao povoado de seus pais, mas às vezes um grande choque nela se produz e ela decide permanecer com os combatentes e participar da luta de libertação. A presença da mulher na resistência constrangerá muito menos o marido do que sua atividade militante nos centros. A mulher que parte em missão a trezentos quilômetros de casa, que dorme em qualquer lugar na companhia de estranhos coloca para o marido, apesar de tudo, certo número de problemas. Evidentemente, eles nunca são formulados, mas nenhuma revolução elimina em definitivo e sem sequelas mecanismos quase instintivos: "Não há nada parecido com ouvir alguém pedir para falar com sua esposa ao telefone. Você a chama, lhe passa o fone e acaba sendo convidado a sair do cômodo... Então ela vai embora e volta às vezes quatro horas ou quatro dias depois. Nenhuma explicação é dada, mas você não pode ignorar a ação em que ela está engajada, pois foi você quem a mobilizou. Foi você quem incutiu nela as regras estritas da clandestinidade".

O casal argelino se reaproximou consideravelmente durante essa revolução. Os laços, por vezes frágeis, marcados pelo selo do provisório, do recusável no momento, se fortalecem ou, pelo menos, mudam de conteúdo. O que era definido apenas pela convivência admite hoje uma multiplicidade de orientações. Primeiro, o fato de correrem perigo juntos, de se virarem na cama cada um para o seu lado, cada um com sua parte do segredo. É também a consciência de colaborar com o imenso trabalho de destruição do mundo da opressão. O casal não está mais fechado em si mesmo. Ele não mais encontra seu fim em si mesmo. Não é mais o resultado do instinto natural de perpetuação da espécie nem o meio institucionalizado de satisfazer a sexualidade. O casal se torna a célula básica da cidade, o núcleo fecundo da nação. O casal argelino, ao se tornar um elo da organização revolucionária, se transforma em uma unidade de existência. *A confusão da experiência de combate e da vida conjugal aprofunda as relações entre os cônjuges e cimenta a união. Há a emergência simultânea e efervescente do cidadão, do patriota e de um cônjuge moderno.* O casal argelino está se despojando de suas fraquezas tradicionais ao mesmo tempo que a coesão do povo se inscreve na história. Esse casal não é mais um acidente, mas algo recuperado, desejado, construído. É, como se vê, o próprio fundamento do encontro entre os sexos que é colocado aqui.

O casamento e o divórcio

Como regra geral, o casamento é decidido na Argélia pelas famílias. Quase sempre, é no momento do casamento que o marido vê o rosto de sua esposa. As razões sociais e econômicas dessa tradição são suficientemente conhecidas para não nos determos nelas. O casamento em países subdesenvolvidos não é um contrato individual, mas um contrato entre clãs, tribos, famílias...

Antes da revolução, as mudanças ocorriam imperceptivelmente. A existência de mulheres na resistência, o encontro de homens e mulheres solteiros, um cuidando do outro após um bombardeio ou por ocasião de uma doença, colocam problemas inesperados para os responsáveis locais da FLN. Assim, há homens que procuram o oficial e pedem em casamento esta ou aquela enfermeira. Por um longo período, o responsável da FLN hesita. Ninguém além do pai ou, na ausência dele, do tio ou irmão pode dar uma jovem em casamento. O responsável não se reconhece no direito de considerar o pedido do *mujahid* e, às vezes, se vê forçado a separar os dois amantes. Mas o amor existe, deve ser levado em consideração, e a direção da revolução instrui que os casamentos poderão ser contraídos perante o responsável pelo registro civil.

Os registros de estado civil são abertos. Casamentos, nascimentos e óbitos podem então ser registrados. O casamento na resistência deixa de ser um arranjo entre famílias. Todas as uniões são voluntárias. Os futuros cônjuges tiveram tempo de se conhecer, de se estimar, de se amar. Até mesmo o amor à primeira vista foi considerado nas diretrizes. Sempre que um pedido de casamento é feito, aconselham as instruções, é bom adiar por três meses qualquer decisão. Quando o pai fica sabendo do casamento de sua filha na resistência, não há revolta ou contestação do ato. Pelo contrário, são pedidas fotos e os bebês nascidos na resistência são enviados aos avós para que protejam adequadamente essas crianças da revolução.

Tais inovações não podem deixar intactos os modos tradicionais de união que se repetem no resto do país. As mulheres argelinas começam, primeiro, a exigir garantias do patriotismo do futuro marido. Solicitam que os jovens que as pedem em casamento sejam membros da FLN. A autoridade incontestável e massiva do pai se deixa enfraquecer por essa nova exigência. Antes da revolução, uma jovem pedida em casamento abandonava por vários dias o ambiente familiar e se refugiava com parentes. Isso se explica pela vergonha que a jovem sentia por ser objeto de uma busca sexual. Era igualmente habitual que, durante um ou dois meses após a consumação do casamento, a jovem esposa evitasse aparecer diante do pai. Esses comportamentos pudicos, infantis, desaparecem com a revolução e hoje a maioria das jovens esposas estava presente na assinatura de seu contrato, discutia os termos desse contrato e, naturalmente, opinava sobre o cônjuge. O casamento na Argélia sofreu sua transformação radical no coração do combate travado pelos *mujahidin* e *mujahidat*.

Nessas condições, o divórcio, a separação dos dois cônjuges, assume novas formas. O repúdio, que podia ser proclamado de súbito, a qualquer momento, e que expressava a fragilidade do vínculo conjugal, não é mais automaticamente legalizado. O marido deve explicar por que está se divorciando. Há tentativas de reconciliação. De qualquer modo, a decisão final permanece com o responsável local. A família sai fortalecida dessa provação na qual tudo teria sido implementado pelo colonialismo para destruir a vontade do povo. É em meio aos perigos mais graves que o argelino inventa formas modernas de existência e confere à pessoa seu peso máximo.

A sociedade feminina

As mulheres que lutam na guerra e que se casam na resistência provocam no seio da sociedade feminina argelina uma readaptação radical de certos comportamentos. Todavia devemos evitar compreender de maneira unívoca as principais mudanças constatadas. A guerra travada pelo colonialismo francês obriga o povo argelino a estar constante e completamente engajado na batalha. Diante de um adversário que jurou proteger a Argélia, mesmo sem os argelinos, é difícil permanecer fiel a si mesmo, manter intactas as preferências ou os valores. A sociedade feminina se modifica não só por uma solidariedade orgânica em relação à revolução, mas também porque o adversário corta a carne argelina com uma violência inaudita.

As mulheres, acostumadas a ir ao cemitério do povoado às sextas-feiras ou a visitar um santuário local, e que fazem parte das dezenas de milhares de famílias *reagrupadas*, interrompem, entre outras coisas, essas atividades.[22] Nos acampamentos, elas se organizam imediatamente no seio das células da FLN. Elas conhecem mulheres de outras regiões, compartilham experiências da repressão. Mas também experiências antes da revolução, suas esperanças. A mulher argelina reagrupada, separada do marido, que ficou com os combatentes, se ocupa dos idosos e órfãos, aprende a ler e costurar e, muitas vezes, com vários companheiros, deixa o acampamento e se junta ao Exército de Libertação Nacional.

Com esses deslocamentos populacionais consideráveis, o panorama social e o mundo da percepção são perturbados e reestruturados. Uma *mechta* evacuada não é uma *mechta* que migrou. É preciso acompanhar pacientemente o desenvolvimento da operação. Bombardeios da região, múltiplas varreduras, os homens saudáveis que vão para as montanhas, os mortos enterrados rapidamente, os reféns da *mechta* que se refugiam em uma cidade vizinha, com parentes ou amigos...

A *mechta* reagrupada é uma *mechta* partida, danificada. É mais um grupo de homens, mulheres e crianças. Nessas condições, nenhum gesto é mantido intacto. Nenhum ritmo anterior permanece inalterado. Presos nas malhas de arame farpado, os pedaços de famílias argelinas reagrupadas não comem nem dormem como antes. Percebemos isso, por exemplo, nas manifestações de luto. As lamentações, os gemidos, os rostos dilacerados e as contrações do corpo hoje praticamente desapareceram. Os prantos fúnebres clássicos quase não são mais vistos na Argélia. Tudo isso começou em 1955, quando as tropas francesas, por diversão ou como parte de uma repressão, invadiam uma localidade e metralhavam cinco ou dez homens. Esses mortos coletivos, sem preparo, sem doenças tratadas e combatidas, abandonados na vala à beira da estrada, dificilmente podem arrancar, desencadear mecanismos emocionais homogêneos para uma sociedade. As lamentações e os rostos dilacerados participam de um mundo preciso, equilibrado. Não choramos, não gritamos, não fazemos como antes quando se trata de assassinatos múltiplos. Cerramos os dentes e oramos em silêncio. Mais um passo e são os gritos de alegria que saúdam a morte de um *mujahid* caído no campo de batalha. Não se deve crer, no entanto, que as cerimônias tradicionais sejam reproduzidas quando se trata de mortes naturais, tais como doenças ou acidentes. Ainda assim, há uma quase incapacidade de recuperar as técnicas habituais do desespero. A guerra abalou a tal ponto a sociedade argelina que todo óbito é concebido como uma consequência direta ou indireta da repressão colonialista. Hoje, não há um único morto na Argélia que não seja vítima do colonialismo francês. O civil argelino, estranho à guerra de reconquista colonial, é uma impossibilidade na Argélia. Além disso, não há óbito de um argelino fora da Argélia que não seja atribuído ao colonialismo francês. O povo argelino decidiu assim que, até a independência, o colonialismo francês não seria inocente de nenhuma das feridas que lhe marcam o corpo e a consciência.

A Argélia dispersada

A tática adotada pelo colonialismo francês desde o início da revolução teve como resultado dividir o povo, fragmentá-lo, com o único objetivo de tornar impossível qualquer coesão. O esforço incidiu primeiro sobre os homens que, às dezenas de milhares, foram internados. Sabe-se que em 1955-6, os *centros de internação* se multiplicaram em um ritmo desenfreado sobre o território nacional. Lodi, Paul Cazelles, Berrouaghia etc. detiveram por longos anos pais e maridos. A mulher argelina, de súbito sem marido, é obrigada a encontrar meios para alimentar seus filhos. Ela é levada a se deslocar, a fazer suas compras, a viver sem a proteção do homem. Às vezes visita o marido internado a cem ou duzentos quilômetros de casa. Quando os homens não estão internados, eles ficam na resistência e as mães que recebem os abonos familiares distribuídos pela Frente de Libertação Nacional criam os filhos sozinhas. Nas cidades, as portas da prisão se fecham sobre um número imponente de homens argelinos e, para fugir dos campos de reagrupamento, para escapar dos bombardeios em série da força aérea francesa, dezenas de milhares de famílias se refugiam na Tunísia e no Marrocos.

Os múltiplos assassinatos de argelinos e argelinas pelo colonialismo francês atraíram sobretudo a atenção do mundo e provocaram a onda de protestos que conhecemos. Mas precisamos nos aproximar mais da realidade argelina. Não devemos apenas sobrevoá-la. Devemos, pelo contrário, caminhar passo a passo ao longo da grande ferida infligida ao povo e ao solo argelinos. É preciso averiguar cada canto da terra argelina e mensurar a fragmentação da família argelina, o estado de dispersão em que ela se encontra. Mulher levada pelos militares e que volta oito dias depois, não é preciso perguntar-lhe para entender que ela foi violentada dezenas de vezes. Marido levado pelo inimigo que retorna com o corpo coberto de equimoses, a vida cambaleante e o espírito inerte. Crianças espalhadas, inúmeros órfãos que circulam desvairados e famintos. Quando um homem acolhe sua esposa que passou duas semanas em um acampamento francês, lhe dá bom-dia e pergunta se está com fome, evita olhar para ela e baixa a cabeça; não é possível supor que a família argelina pudesse permanecer intacta e que o ódio ao colonialismo não se expandiria desmedidamente. O colonialismo francês, desde 1954, não quis mais nada além de anular a vontade do povo, quebrar sua resistência, liquidar suas esperanças. Por cinco anos, ele não hesitou diante de nenhum radicalismo, fosse ele o do terror ou o da tortura. Ao misturar esses homens e mulheres, o colonialismo os reagrupou sob um mesmo signo. Igualmente vítimas da mesma tirania, identificando simultaneamente um único inimigo, o povo objetivamente dispersado alcança sua unidade e funda no sofrimento uma comunidade espiritual que constitui o mais sólido bastião da revolução argelina.

4. Medicina e colonialismo

O exemplo argelino

Introduzida na Argélia juntamente com o racismo e a humilhação, a ciência médica ocidental sempre provocou, como parte do sistema opressivo, uma atitude ambivalente no autóctone. Encontramos também essa ambivalência a propósito de todos os modos de presença do ocupante. Com a medicina, abordamos um dos traços mais trágicos da situação colonial.

Com toda objetividade e humanidade, é bom que um país tecnicamente mais avançado compartilhe em benefício de um outro os conhecimentos e as descobertas de seus cientistas. Quando a disciplina considerada visa a saúde do homem, quando tem como princípio mesmo o silenciamento da dor, é claro que nenhuma conduta negativa poderia ser justificada. Mas, precisamente, a situação colonial é tal que obriga o colonizado a avaliar pejorativamente e sem nuances todas as contribuições do colonizador. O colonizado percebe em uma confusão quase orgânica o médico, o engenheiro, o professor, o policial, o patrulheiro rural. A visita obrigatória do médico ao aduar ou ao povoado é precedida pela reunião da população aos cuidados das autoridades policiais. O médico que chega nessa atmosfera de constrangimento total nunca é um médico nativo, mas sempre um médico pertencente à sociedade dominante e, muitas vezes, ao Exército.

As estatísticas sobre as obras sanitárias não são interpretadas pelo autóctone como uma melhoria na luta contra a doença de modo geral e sim como mais uma prova do controle do país pelo ocupante. O sanatório de Tizi Uzu, as salas de cirurgia do Hospital Mustapha, em Argel, quando são apresentados pelas autoridades francesas aos visitantes, querem dizer: "Eis o que fizemos pelos homens deste país; este país nos deve tudo; sem nós, não haveria país". Há uma verdadeira restrição mental no nativo, uma dificuldade em ser objetivo, em separar o joio do trigo.

Evidentemente, existem exceções. Em certos períodos de descontração, quando confrontado livremente, o indivíduo colonizado reconhece com franqueza o que há de positivo na ação do dominador. Mas essa boa-fé é imediatamente apropriada pelo ocupante e transformada em justificativa para a ocupação. Quando o nativo, depois de um grande esforço em direção à verdade, supondo que as diferenças tenham sido superadas, diz: "Isso é bom. Digo isso porque penso assim", o colonizador distorce suas palavras e as traduz em: "Não vão embora, pois o que faríamos sem vocês?".

Assim, no nível global da sociedade, no nível da sociedade colonizada, descobrimos sempre essa impressão de fuga diante da atitude nuançada, porque precisamente qualquer nuance é percebida pelo ocupante como um convite para perpetuar a opressão, a confissão de uma impotência congênita. O povo colonizado, considerado em sua totalidade e por ocasião de certos eventos, reagirá de forma brutal, indiferenciada, categórica, diante dos setores de atividade do grupo dominante. No extremo, não será surpreendente ouvir as seguintes reflexões: "Não pedimos nada para vocês, quem chamou vocês aqui? Peguem esses seus hospitais e portos e voltem para casa".

É que a colonização, depois de ter se apoiado sobre a conquista militar e o sistema policial, encontrará em suas obras a justificativa para sua existência e a legitimação de sua permanência.

Forçado, em nome da verdade e da razão, a dizer "sim" a certas formas de presença do ocupante, o colonizado percebe que é imediatamente prisioneiro de todo o sistema e que a verdade da ação médica na Argélia é também a verdade da presença francesa sob a forma colonial na Argélia. Então, como ele não pode ceder, porque ele é do povo, e seu povo quer ter uma existência nacional em seu solo, só lhe restam escolhas limitadas. De uma só vez, ele rejeita médicos, professores, engenheiros, paraquedistas.

Em uma sociedade homogênea, o comportamento do doente diante da instância médica é um comportamento de confiança. O doente confia no médico, se entrega a ele. Entrega-lhe o seu corpo. Ele aceita que o sofrimento seja despertado ou exacerbado pela mão médica, pois não ignora que a ênfase sobre o sofrimento que está sendo examinado anuncia a paz em seu corpo.

Em nenhum momento, em uma sociedade homogênea, o doente desconfia do médico. No plano da técnica, do conhecimento, é claro que certa dúvida pode se infiltrar em sua mente, mas é a hesitação do médico que corrige a confiança original. Essa conduta é universal e pode ser encontrada em determinados quadros geográficos nacionais. Mas é patente que, em certas circunstâncias, mudanças significativas aparecem. O prisioneiro alemão prestes a ser operado por um cirurgião francês, muitas vezes na fase pré-anestésica implora para não ser morto. Da mesma forma, há por parte do cirurgião uma preocupação maior em que a intervenção seja bem-sucedida por causa dos outros prisioneiros, porque ele não ignora a interpretação que poderia ser dada a um óbito durante essa intervenção. A literatura e o cinema encontraram também, nessas situações particulares, temas predominantes e, após cada guerra, é conduzida uma verdadeira exploração comercial desses problemas. Os prisioneiros franceses dos campos alemães estão de tal forma cientes disso que pediam aos médicos trabalhando na enfermaria do campo para assistir às operações realizadas por cirurgiões alemães.

No território colonial, tais situações são multiplicadas. As mortes súbitas de argelinos nos hospitais, algo comum em qualquer unidade de saúde, são interpretadas como efeitos de uma decisão assassina e consciente, como resultado de manobras criminosas do médico europeu. A recusa do argelino à hospitalização sempre admite essa margem de dúvida sobre o caráter humanitário do médico dominador. Embora essa não seja a regra, deve-se dizer que, em certos serviços hospitalares, a experimentação em pacientes vivos é praticada em proporções significativas.[23]

Durante décadas, apesar das exortações do médico, o argelino sempre fugiu da hospitalização. Apesar da afirmação do técnico de que qualquer hesitação comprometeria seriamente a vida do doente, encontramos em geral uma tensão e uma rejeição da transferência para o hospital. É sempre no último minuto, quando quase não há mais esperança de que o aceite seja dado. Mesmo assim, o homem que toma a decisão o faz contra o grupo; e, como o caso é desesperador, como a decisão foi muito atrasada, na maioria das vezes a morte ocorre.

Tais experiências dão ao grupo a oportunidade de reforçar sua crença original no caráter fundamentalmente mau do ocupante, mesmo que ele seja médico. E o argelino que, depois de evidentes esforços, conseguiu reverter de modo considerável a tradicional prevenção, impor a decisão de hospitalização, súbito sente uma culpa infinita. Internamente, é assumido o compromisso de não mais reincidir. Os valores do grupo, momentaneamente abandonados, são recuperados, exacerbados e excludentes.

Cometeríamos um erro grave, impediríamos, de qualquer forma, a compreensão de tais fatos, se assimilássemos esses comportamentos aos já descritos no seio das populações rurais pobres dos países europeus. O colonizado não se mostra reticente diante da hospitalização com base em valores homogêneos, tais como o medo da cidade, o medo da separação, de não ser mais protegido pela casa da família, o medo de que aqueles ao seu redor não lhe digam que foi enviado para morrer no hospital, que se livraram de um fardo. O colonizado não se recusa apenas a enviar o doente para o hospital, mas a enviá-lo para o hospital dos brancos, ou dos estrangeiros; do conquistador, em todo caso.

É preciso, com paciência, mas lucidamente, analisar cada uma das reações do colonizado e, sempre que não as entendermos, devemos dizer a nós mesmos que estamos no centro de um drama, o do encontro impossível em qualquer situação colonial. Há algum tempo, afirma-se que a reticência do autóctone em confiar no médico europeu se dava pelo apego do nativo a técnicas médicas tradicionais ou por sua fixação aos feiticeiros ou curandeiros do grupo. É evidente que tal realidade psicológica existe e que sua presença poderia ser detectada, mesmo há poucos anos, não apenas nas massas populares de países geralmente avançados, mas também nos círculos médicos. Leriche relatou as hesitações ou a oposição de alguns médicos a adotar o termômetro, habituados que estavam a avaliar a temperatura tomando o pulso. Os exemplos nessa área poderiam ser multiplicados indefinidamente. Não poderíamos, portanto, considerar aberrante, em termos do processo mental, que indivíduos acostumados a praticar determinados gestos diante de uma dada doença, a adotar certos comportamentos na presença da doença concebida como transtorno, se recusem a abandoná-los porque outros gestos lhes são impostos, ou seja, que a nova técnica se estabeleça com vigor e não tolere a persistência de qualquer fragmento da tradição.

Aqui novamente, encontramos os mesmos dados:

> Abandonar o que eu costumo fazer quando minha esposa tosse e autorizar que o médico europeu lhe dê injeções; ver-se literalmente insultado e tratado como selvagem (*isso acontece*) porque realizei algumas escarificações na testa de meu filho que se queixa de dores de cabeça há três dias; dar razão a esse homem que me insulta e condena as escarificações que me chegam de muito, muito longe, em um nível estritamente racional, é uma conduta positiva. Porque, em rigor, meu filho tem meningite e é realmente necessário tratá-lo como se trata a meningite. Mas a constelação colonial é tal que o que deveria ser uma brutalidade doce e fraterna de quem quer apenas o meu bem é interpretado como uma manifestação da soberba e da vontade de humilhação do conquistador.

Não é possível que a sociedade colonizada e a sociedade colonizadora possam estar de acordo em sermos fiéis ao mesmo tempo e no mesmo lugar a um valor único. Se, por impossibilidade, a sociedade colonizada expressa sua concordância em qualquer ponto com a sociedade colonizadora, não há dúvida de que estamos começando a falar em integração bem-sucedida. Devemos agora adentrar o labirinto infernal, porque trágico, das relações gerais da sociedade argelina com o problema da luta contra a doença, concebida como um setor da presença francesa. Veremos, então, durante a luta de libertação, desenhar-se a nova atitude adotada pelo povo argelino diante da técnica médica.

A consulta

O colonizado que vai se consultar com o médico está sempre um pouco rígido. Ele responde com monossílabos, economiza nas explicações e logo deixa o médico impaciente. Essa atitude não deve ser comparada a um tipo de medo mais ou menos inibidor que todo doente sente na presença do médico. Conhecemos as expressões: tal médico tem bom trato com o doente, descontrai, deixa-o à vontade. Mas, precisamente na situação colonial, as invenções individuais, a liberdade de ser você mesmo, de iniciar e ter sucesso em um "contato", não são observáveis. A situação colonial uniformiza as relações, pois dicotomiza a sociedade colonial de modo estanque.

Muito rapidamente, o médico perde a esperança de obter informações do colonizado e se restringe ao exame clínico, pensando que o corpo será mais eloquente. Ora, o corpo do colonizado é igualmente rígido. Os músculos estão contraídos. Não há relaxamento. É o homem total, é o colonizado que enfrenta tanto um técnico quanto um colonizador.[24] É preciso, com certeza, ouvir as reflexões dos médicos europeus que conduziram a consulta. Mas é preciso igualmente ouvir as reflexões dos pacientes ao saírem do hospital. Enquanto os médicos dizem: "A dor neles é protopática, pouco diferenciada, difusa como nos animais, é mais um mal-estar geral do que uma dor localizada", os doentes dizem: "Eles me perguntaram onde eu estava com dor, como se fosse eu o médico; eles se acham tão poderosos, mas não são capazes de sequer saber onde estou com dor. Assim que você entra, eles perguntam o que você tem".

Os médicos: "São uns broncos". Os doentes: "Eles não me inspiram confiança". Enquanto os médicos afirmam que o colonizado não sabe o que quer — ficar doente ou se recuperar —, o autóctone repete: "A gente sabe como entra, mas não sabe como vai sair, e se vai sair". Muito rapidamente, o médico e até o enfermeiro formulam uma regra de ação: com essas pessoas não praticamos medicina, mas veterinária (*sim, isso é dito*).[25] Mas, enfim, por sua tenacidade, o médico tem uma ideia aproximada da doença em questão e prescreve um tratamento, que por vezes não será seguido. Os sociólogos propõem então uma explicação e classificam todos esses comportamentos sob o rótulo de fatalismo.

A análise dessa conduta constantemente trazida de volta ao quadro colonial nos permite, pelo contrário, chegar a outras conclusões.

Quando o colonizado escapa do médico e a integridade de seu corpo é preservada, ele se considera em grande parte vitorioso. Para o colonizado a consulta é sempre uma provação. Quando a vantagem tirada pelo colonizador se resume a comprimidos para engolir ou poções para ingerir, o colonizado tem a impressão de ser vitorioso sobre o inimigo. O fim da consulta põe termo ao confronto. Medicamentos e conselhos são apenas as sequelas dessa provação. Quanto ao fatalismo, essa aparente recusa do pai em dever a vida do filho à intervenção do colonizador, por exemplo, deve ser estudada sob duas perspectivas. Há primeiro o fato de que o colonizado, nisso parecido com os homens em países subdesenvolvidos ou os desprivilegiados em todas as regiões do mundo, percebe a vida não como um desabrochar ou um desenvolvimento de uma fecundidade essencial, mas como uma luta permanente contra uma morte atmosférica. Essa morte no encalço é materializada pela fome endêmica, pelo desemprego, pela morbidez significativa, pelo complexo de inferioridade e pela falta de portas para o futuro.

Todos esses enfraquecimentos ativos, todos esses entalhes na existência do colonizado dão à vida uma aparência de morte incompleta. A conduta de recusa ou rejeição à intervenção médica não é recusa à vida, mas uma passividade maior diante dessa morte próxima e contagiosa. Em outra perspectiva, essa ausência de comportamento esclarecido ressalta a desconfiança do colonizado em relação ao técnico colonizador. As palavras do técnico são sempre entendidas de forma pejorativa. A verdade expressa de forma objetiva é constantemente corrompida pela mentira da situação colonial.

A vigilância médica, os cuidados e o "duplo poder"

Um mau paciente, o colonizado argelino vai se revelar um doente lamentável. Irregularidade na ingestão do medicamento, erro nas doses ou nos modos de administração, incapacidade de apreciar a importância das visitas médicas periódicas, atitude paradoxal, frívola, no que diz respeito à dieta prescrita: essas são as particularidades mais marcantes e comuns constatadas pelo médico colonizador. Daí a impressão dominante de que o doente brinca de esconde-esconde com o médico. O médico não tem poder sobre o doente. Ele constata com persistência, apesar das promessas e juramentos, a existência de uma atitude de fuga, de falta de comprometimento. Todos os esforços feitos pelo médico e por sua equipe de enfermeiros para mudar essa situação esbarram não em uma oposição coerente, mas em um "desaparecimento" do doente.

Primeiro, o paciente não volta. Contudo foi bem explicado a ele que sua doença, para ser curada, exigia que ele fosse examinado várias vezes em intervalos determinados. Tudo isso está escrito na receita médica, ele pediu que fosse explicado, reexplicado e seguramente marcou uma consulta com o médico para uma tal data. Mas é em vão que o médico espera por ele. O doente não virá. Quando ele retorna, constata-se com certo assombro que a doença evoluiu terrivelmente. De fato o doente retorna cinco ou seis meses, ou às vezes um ano depois. Algo ainda mais grave, o medicamento não foi tomado. Uma conversa com o paciente revela que o medicamento foi tomado apenas uma vez ou, algo sempre possível, que a dose prevista para um mês foi ingerida de uma só vez. Talvez valha a pena nos debruçarmos sobre essa particularidade, pois as explicações que nos foram dadas não parecem satisfatórias.

A tese sociológica é a de que o "indígena" espera firmemente ser curado de uma vez por todas. Para o nativo, na verdade, a doença não evoluiria aos poucos e sim atingiria brutalmente e de uma só vez o indivíduo, de modo que o poder de um remédio seria menos um fator de sua repetição, seguida, ritmada e progressiva, do que de seu caráter massivo, de sua ação total desde o início; daí a preferência dos "indígenas" pela injeção. Haveria sempre, portanto, de acordo com essa tese, a necessidade de o curador curar imediatamente. Peregrinações a um santuário, confecção de amuletos ou redação de um texto são terapias aplicadas desde o início com máxima eficácia. Assim como negligenciar um dever ritual ou transgredir tal proibição desencadeia a doença, realizar certas ações ou seguir as prescrições do marabuto, do feiticeiro, tem o poder de expulsar a doença e restabelecer o equilíbrio entre as diferentes forças que intervêm na vida do grupo.

É certo que essa explicação contém alguma verdade, mas nos parece que a interpretação de um fato novo, nascido da situação colonial, a partir de condutas existentes antes da conquista estrangeira, e sob uma perspectiva analógica, mesmo que esse fato alimente laços estreitos de parentesco com esquemas tradicionais, é, de certa forma, falsa. A dominação colonial, como vimos, desencadeia e nutre um conjunto de comportamentos enrijecidos e de recusa por parte do colonizado. Há no colonizado um esforço considerável para se manter à parte do mundo colonial, para não ceder à ação do conquistador. Na vida cotidiana, contudo, colonizados e colonizadores não deixam de estabelecer vínculos de dependência econômica, técnica ou administrativa. Obviamente, o colonialismo perturba todos os dados da sociedade autóctone. É que o grupo dominante chega com seus valores e os impõe com tanta violência que obriga a própria vida do colonizado a estar na defensiva ou mesmo na clandestinidade. Nessas condições, a dominação colonial distorce até as relações que o colonizado mantém com a sua própria cultura. Em muitos casos, a prática da tradição é uma prática conturbada, uma vez que o colonizado não pode rejeitar completamente as descobertas modernas e o arsenal de luta contra doenças que hospitais, ambulâncias, enfermeiros etc. representam. Mas o colonizado que aceita a intervenção da técnica médica, se ele não for ao hospital, estará sujeito a uma pressão significativa da parte de seu grupo. Os métodos tradicionais de tratamento são aplicados sobrepostos à tecnologia médica moderna. "Dois remédios valem mais do que um." Deve-se lembrar muitas vezes que o colonizado que aceita a penicilina ou a digitalina quer seguir simultaneamente o tratamento prescrito pelo curandeiro de seu povoado ou bairro.

Confusamente, ele de fato sente que a penicilina é mais eficaz, mas, por razões políticas, psicológicas e sociais (o curandeiro exerce uma função e, portanto, precisa ganhar a vida), ele é obrigado a também fazer sua parte na medicina tradicional. Em termos psicológicos, o colonizado dificilmente pode, mesmo nesse setor específico, rejeitar os hábitos de seu grupo, as reações de sua cultura diante da doença. Ingerir o medicamento, mesmo que apenas uma vez, é admitir, talvez parcialmente mas em todo caso de forma inequívoca, o comportamento ocidental. É mostrar sua confiança na ciência médica do estrangeiro. Ingerir toda a dose de uma só vez é literalmente estar quite com essa ciência.

A adoção de uma conduta que se desenvolve ao longo do tempo, respeitando quase obsessivamente a prescrição do colonizador, é um comportamento que se revela difícil em muitos casos. O outro poder intervém, com efeito, em paralelo e rompe o círculo unificador da terapêutica ocidental. Cada comprimido ingerido ou cada injeção recebida requer a aplicação de um preparado ou a visita a um santo. Às vezes surge no doente o medo de ser o ponto de encontro de forças diferentes e opostas. Esse medo dá origem a tensões significativas e todo o quadro da doença é alterado. Mais uma vez, o mundo colonial se revela complexo e disposto de uma forma extremamente diversificada. Há sempre uma oposição de mundos exclusivos, uma interação contraditória de diferentes técnicas, um confronto veemente de valores.

O colonizado e o médico autóctone

A situação colonial não se contenta em corromper apenas as relações entre médico e paciente. Mostramos que o médico aparece sempre como um elo da rede colonialista, como porta-voz da potência ocupante. Veremos que essa ambiguidade do doente diante da técnica médica é encontrada mesmo que o médico pertença ao povo dominado. Existe uma ambivalência manifesta do grupo colonizado em relação a qualquer membro que adquira uma técnica ou as maneiras do conquistador. Para o grupo, de fato, o técnico nativo é como uma prova viva de que qualquer um de seus membros é capaz de ser engenheiro, advogado ou médico. Mas é, ao mesmo tempo, em segundo plano, a constatação de um afastamento súbito entre o grupo homogêneo e fechado sobre si mesmo, um escape para fora das categorias psicológicas ou emocionais específicas do povo. O médico autóctone é um médico europeizado, ocidentalizado e, em certas circunstâncias, é considerado como não fazendo mais parte da sociedade dominada. Ele é tacitamente rejeitado no campo dos opressores, no campo oposto. Não é por acaso que, em algumas colônias, querendo caracterizar uma pessoa avançada, usa-se a expressão: "Ele assumiu os hábitos do mestre".

Para grande parte dos colonizados, o médico autóctone é assimilado ao policial autóctone, ao caide, a um notável. O colonizado se orgulha do sucesso de sua *raça* e, ao mesmo tempo, categoriza pejorativamente esse técnico. O comportamento do médico autóctone em relação à medicina tradicional de seu país se caracteriza durante muito tempo por uma agressividade significativa.

O médico autóctone se sente psicologicamente obrigado a indicar com firmeza seu novo pertencimento a um universo racional. Daí o ritmo acelerado com que ele se distancia das práticas mágicas de seu povo. Ambivalência do colonizado em relação ao médico autóctone, ambivalência do médico autóctone em relação a certas características de sua cultura: o encontro médico-paciente se revelará difícil. Primeiro, é o colonizado doente que dará o tom. Com efeito, uma vez reconhecida a superioridade da técnica ocidental sobre os métodos tradicionais de tratamento, considera-se preferível dirigir-se aos colonizadores que são, na realidade, "os verdadeiros donos da técnica". Em termos de clientela, é frequente, por exemplo, ver médicos europeus recebendo tanto pacientes argelinos quanto europeus, enquanto os médicos argelinos costumam receber apenas argelinos. Evidentemente, algumas exceções poderiam ser mencionadas, mas em geral essa descrição é válida para a Argélia. O médico autóctone, pela interação complexa das leis psicológicas que governam a sociedade colonial, não raro se encontra em conflito. É praticamente o drama dos intelectuais colonizados, antes da luta de libertação, que é evocado aqui.

Veremos em breve quais mudanças importantes são introduzidas na Argélia pela guerra nacional de libertação.

O médico europeu durante a luta de libertação

Como regra geral, o médico colonizador adota a atitude de seu grupo diante da luta do povo argelino. Por trás do "médico que trata as chagas da humanidade", surge o homem, membro de uma sociedade dominante e gozando na Argélia de um padrão de vida incomparavelmente superior ao do seu homólogo metropolitano.[26]

Além disso, nos centros de colonização, o médico é quase sempre também proprietário de terras. É uma exceção ver na Argélia, típica colônia de povoamento, um médico que não esteja ligado à exploração agrícola, ao trabalho com o solo. Quer a terra venha de sua família, quer ele mesmo a tenha adquirido, o médico é um colono. A população europeia na Argélia ainda não deu origem, de forma decisiva, aos diferentes setores da vida econômica. A sociedade colonial é uma sociedade móvel, mal estruturada, e o emigrado, mesmo técnico, assume sempre um certo grau de polivalência. Dentro de todo europeu nas colônias há um empreendedor, um pioneiro, um aventureiro. Não há funcionário público transferido por dois anos para um território colonial que não se sinta, em alguns aspectos, psicologicamente alterado.

O indivíduo europeu na Argélia não ocupa seu lugar em uma sociedade estruturada e relativamente estável. A sociedade colonial está em perpétuo movimento. Todo colono inventa uma nova sociedade, dispõe ou esboça novas estruturas. As diferenças entre artesãos, funcionários públicos, operários e profissionais liberais são mal definidas. Todo médico tem suas vinhas, e o advogado cuida de seus campos de arroz com a mesma obstinação de qualquer colono. O médico não se define socialmente pelo mero exercício de sua profissão. Ele é também dono de moinhos, adegas, hortos, e a medicina é pretensiosamente apresentada por ele como um simples complemento. Não dependendo apenas de sua clientela, extraindo uma renda às vezes enorme de suas propriedades, o médico tem uma determinada concepção da moral profissional e da prática médica. A soberba colonialista, o desprezo pelo cliente, a brutalidade odiosa para com o doente indigente, a falta de consciência estão mais ou menos contidos na fórmula: "Não fico à espera de clientes para ganhar a vida". O médico de Besançon, Liège ou Basileia escapou de sua terra e está confinado ao setor econômico definido por sua técnica.

Em contato com uma humanidade constantemente ferida, a dos doentes ou enfermos, o médico está situado em um plano de valores; daí seu habitual pertencimento a partidos democráticos e suas ideias anticolonialistas. Nas colônias, o médico adere totalmente à colonização, à dominação, à exploração. Na Argélia, portanto, não surpreende que médicos e professores universitários estejam à frente dos movimentos colonialistas.

O médico argelino tem um interesse econômico na manutenção da opressão colonial. Não se trata de valores ou princípios, mas do padrão de vida incomparavelmente elevado que a situação colonial lhe proporciona. É por isso que muitas vezes ele se torna chefe de milícias ou organizador de raides "antiterroristas". Nas colônias, mesmo entre os intelectuais há, em tempos normais, ou seja, fora da guerra de libertação, o caubói e o pioneiro. Em períodos de crise, o caubói dispara seu revólver e seus instrumentos de tortura.

Nesta terrível guerra que sangra a Argélia, é preciso fazer um esforço para compreender certos fatos objetivamente dolorosos em uma situação normal. Nunca foi bem explicado o assassinato de alguns médicos na Argélia. Nas guerras mais cruéis, a tradição estima que o corpo médico seja deixado à parte. Em 1944, por exemplo, libertando um povoado na região de Belfort, aconteceu de deixarmos guardas na porta de uma escola onde cirurgiões alemães operavam os feridos. Os políticos argelinos não ignoram a existência das leis de guerra. Eles conhecem a complexidade do problema e a dramática situação da população europeia. Como explicar, nesses casos, as decisões tomadas para atentar contra a vida de um médico?

Quase sempre isso ocorre porque o próprio médico, por seu comportamento, decidiu se retirar do círculo protetor que os princípios e valores da profissão médica teciam em torno dele. O médico que é morto na Argélia, isoladamente, é sempre um criminoso de guerra. Em uma situação colonial, existem realidades particulares. Em uma determinada região,

Medicina e colonialismo 143

O médico se mostra por vezes o mais sanguinário e implacável dos colonizadores. Sua qualidade como médico não é mais percebida. Assim como ele era um médico para além de suas propriedades, ele será o torturador que, casualmente, é médico. A autoridade dominante também organizou o comportamento geral do médico em relação à luta de libertação. Assim, qualquer médico que assista um argelino cujo ferimento pareça suspeito deve, sob pena de perseguições, tomar o nome e o endereço do doente e de seus acompanhantes e comunicar às autoridades.²⁷

Quanto aos farmacêuticos, a ordem que lhes será dada é de exigir prescrição médica para fornecer medicamentos como penicilina, estreptomicina ou antibióticos em geral, álcool, algodão hidrófilo ou soro antitetânico. Além disso, eles são fortemente aconselhados a registrar a identidade do comprador e o endereço do doente.

Assim que se tornaram conhecidas pelo povo, essas medidas confirmaram a certeza desse povo de um perfeito entendimento dos colonizadores para combatê-lo. Convencidas do cumprimento dessa decisão por médicos e farmacêuticos europeus, as autoridades francesas estabeleceram policiais à paisana ou informantes em torno de farmácias administradas por argelinos. O fornecimento de medicamentos em determinadas áreas se torna um problema difícil e doloroso. Álcool, sulfonamidas e seringas são recusados. Em 1955, o comando militar francês, em seus cálculos das perdas argelinas, quase sempre incluía certo número de feridos hipotéticos que, "por falta de cuidados, são considerados mortos".

O médico colonizador, contudo, por algumas atitudes, reforçará seu pertencimento à sociedade dominante. Quando começa a instrução judicial de argelinos que não morreram durante os interrogatórios policiais, ocorre à defesa solicitar um relatório médico-legal. Às vezes, o pedido é concedido aos advogados. O médico europeu designado conclui sempre que nada no exame pode sugerir que o acusado tenha sido torturado. Algumas raras vezes, no início de 1955, argelinos são designados como pareceristas, mas logo chegam instruções precisas para proibir essa prática. De igual modo, os médicos europeus que, por vezes, constatam "a existência de elementos que podem suscitar a hipótese de ferimentos provavelmente devidos aos atos evocados pelo acusado", um segundo parecer é imediatamente requisitado. Evidentemente, esses médicos nunca mais são chamados. Acontece igualmente de o médico europeu na Argélia emitir à autoridade judicial uma certidão de óbito natural para um argelino morto sob tortura, ou mais simplesmente executado a sangue frio. Da mesma forma, é certo que a defesa que solicitou uma autópsia a obtém, mas que os resultados são negativos.

No plano estritamente técnico, o médico europeu colabora ativamente com as forças coloniais no que têm de mais medonho e degradante. Gostaríamos de mencionar aqui algumas das práticas empregadas na Argélia pelo corpo médico europeu e que lançam luz sobre certos "assassinatos" de médicos.

Primeiro, o "soro da verdade". Conhecemos o princípio: uma substância química com propriedades hipnóticas é injetada em uma veia, o que provoca, quando o procedimento é feito lentamente, certa perda de controle, uma opacificação da consciência. Meio terapêutico usado na medicina, trata-se evidentemente de um método muito perigoso, que pode estar na origem de grandes colapsos da personalidade. Além disso, muitos psiquiatras, considerando os perigos maiores que os eventuais benefícios, há muito abandonaram essa técnica de exame das esferas do inconsciente.

Todas as academias de medicina em todos os países do mundo condenaram formalmente o uso dessa prática para fins judiciais, e o médico que derroga tais prescrições solenes se coloca evidentemente fora dos princípios fundamentais da medicina. O médico que luta ao lado de seu povo deve respeitar, enquanto médico, o código internacional de sua profissão. Um médico criminoso, em qualquer país do mundo, é condenado à morte. O exemplo dos médicos dos campos nazistas de experimentos humanos é particularmente edificante.

Os médicos europeus na Argélia usam o "soro da verdade" com uma frequência alucinante. Recordemos aqui a experiência de Henri Alleg, relatada em *A tortura*.[28]

Chegamos a cuidar de homens e mulheres que, durante dias, haviam sido submetidos a essa tortura. Estudaremos, em outro momento, as graves consequências dessas práticas, mas já podemos apontar que a sequela mais importante nos pareceu ser certa indistinção entre o verdadeiro e o falso e um medo quase obsessivo de dizer algo que deve ser escondido. Com efeito, é preciso sempre lembrar que não há realmente um argelino que não esteja ciente de pelo menos um segredo da revolução. Meses após essa tortura, o ex-prisioneiro hesita em dizer seu nome, sua cidade de origem... Qualquer pergunta é de início vivida como uma reedição da relação torturador-torturado.

Outros médicos, ligados a diferentes centros de tortura, intervêm após cada sessão para reabilitar o torturado e possibilitar novas sessões. Nessa conjuntura, de fato, o importante é que o prisioneiro não abandone a equipe de interrogatório e, portanto, permaneça vivo. Cardiotônicos, vitaminas em doses descomunais antes, durante e depois das sessões: tudo é feito para manter o argelino entre a vida e a morte. Dez vezes o médico intervém, dez vezes ele novamente confia o prisioneiro ao bando de torturadores.

No seio do corpo médico europeu na Argélia, e sobretudo no corpo de saúde militar, tais práticas são comuns. A moralidade profissional, a ética médica, o respeito a si mesmo e aos outros deram lugar aos comportamentos mais primitivos, mais degradantes, mais perversos. Enfim, cabe ressaltar que alguns psiquiatras têm o hábito de auxiliar a polícia. Assim, psiquiatras em Argel, conhecidos por muitos prisioneiros, aplicaram choques elétricos nos acusados e os interrogavam durante a fase de despertar, caracterizada também por certa confusão, um relaxamento das resistências, um desaparecimento das defesas do indivíduo. Quando por acaso esses homens são soltos porque, apesar dessa barbárie, o médico não obteve nenhuma informação, é uma personalidade em frangalhos que nos é confiada. O trabalho de reconstrução do homem é então extremamente difícil, e aí está um dos muitos crimes dos quais o colonialismo francês na Argélia será culpado.[29]

O povo argelino, a técnica médica e a Guerra de Libertação

Em muitas ocasiões, tivemos a oportunidade de apontar em vários setores o surgimento de condutas radicalmente novas na vida privada e pública do argelino. O tremor que rompeu as correntes do colonialismo reequilibrou atitudes exclusivas, reduziu posições extremas, tornou ultrapassadas teses por vezes conflitantes. A ciência médica e a preocupação com a saúde sempre foram propostas ou impostas ao povo pela potência ocupante. Ora, na situação colonial, as condições materiais e psicológicas para a aprendizagem da higiene ou a assimilação de noções epidemiológicas não podem ser realizadas. Na situação colonial, ir ao médico, ao administrador, ao policial ou ao prefeito são condutas idênticas. O desinteresse pela sociedade colonial e a desconfiança em relação a seus representantes de autoridade são sempre acompanhados de um desinteresse e de uma desconfiança quase mecânicas pelas coisas mais positivas e benéficas para a população.

Ressaltamos que, desde os primeiros meses da luta, as autoridades francesas decidem impor embargos sobre antibióticos, éter, álcool, vacina antitetânica... O argelino que desejar obter qualquer um desses medicamentos deve fornecer ao farmacêutico informações detalhadas sobre seu estado civil e o do doente. Quando o povo argelino decide não mais esperar pelo tratamento, o colonialismo proíbe a venda de medicamentos e instrumentos cirúrgicos. Quando o argelino quer viver e se curar, a potência ocupante o condena a uma agonia horrível. Muitas famílias assistem impotentes e com o coração cheio de ressentimento à morte atroz por tétano de *mujahidin* feridos, refugiados em suas casas. Desde os primeiros meses da revolução, as diretrizes da Frente de Libertação Nacional são claras: qualquer ferimento, por menor que seja, deve levar automaticamente à injeção da vacina antitetânica. O povo sabe disso. E quando da chaga, desagradável de se olhar, se remove a terra acumulada ao bater em retirada, as pessoas à volta, de repente, temem o tétano. Ora, os farmacêuticos foram categóricos: a venda da vacina antitetânica é proibida. Dezenas e dezenas de argelinos podem hoje descrever a morte lenta, terrível, de um homem ferido, progressivamente paralisado, depois retorcido, depois novamente paralisado pela toxina tetânica. Ninguém fica no cômodo até o fim, concluem.

O argelino, no entanto, confiando às vezes suas compras a um europeu, o vê retornar sem dificuldades com os medicamentos esperados. Esse argelino já havia implorado a todos os farmacêuticos da localidade, e finalmente desistira, tendo sentido o olhar duro e inquisidor do último deles. O europeu volta com as mãos cheias de medicamentos, tranquilo, inocente. Essas experiências não facilitaram ao argelino julgamentos temperados sobre a minoria europeia. A ciência despolitizada, a ciência colocada a serviço do homem é muitas vezes um contrassenso nas colônias. Para esse argelino que, durante horas, mendigou sem sucesso, com o dinheiro nas mãos, cem gramas de algodão esterilizado, o mundo colonialista constitui um bloco monolítico. O álcool sendo igualmente proibido, as feridas serão tratadas com água morna e, na ausência de éter, as amputações serão realizadas sem anestesia.

Ora, todas essas coisas impossíveis de serem encontradas, retidas pelo adversário, retiradas de circulação, assumirão um novo valor. Esses medicamentos, usados quase mecanicamente antes da luta de libertação, se transformam em armas. E as células urbanas encarregadas do fornecimento de medicamentos são tão importantes quanto aquelas cuja missão é obter informações sobre os projetos ou movimentos do adversário. Assim como o comerciante argelino descobre maneiras de abastecer o povo com aparelhos de rádio, o farmacêutico argelino, o enfermeiro argelino e o médico argelino multiplicam seus esforços para que antibióticos e curativos estejam sempre ao alcance do ferido.

Finalmente, da Tunísia e do Marrocos afluirão, durante os meses cruciais de 1956 e 1957, estoques de medicamentos que salvarão um número incalculável de vidas humanas.

O desenvolvimento da guerra na Argélia e a implantação de unidades do Exército de Libertação Nacional em todo o território colocam de modo dramático o problema da saúde pública. A multiplicação de áreas perigosas para o adversário leva-o a interromper atividades regulares, tais como a passagem de médicos nos aduares. De um dia para o outro, o povo é entregue à própria sorte e a Frente de Libertação Nacional é forçada a tomar medidas capitais. Ela se vê obrigada a implantar um sistema sanitário capaz de substituir as visitas periódicas dos médicos de colonização. Assim, o responsável da saúde da célula local se torna um membro importante do dispositivo revolucionário. Os problemas, aliás, são cada vez mais complexos. Os bombardeios e as varreduras de civis somam-se agora às doenças naturais. É sabido, com efeito, que, para cada soldado argelino atingido, dez civis são mortos ou feridos. Os testemunhos de soldados franceses nesse âmbito são muito numerosos. A partir de então, medicamentos e técnicos se tornam indispensáveis. É durante esse período que a ordem é dada aos estudantes de medicina, enfermeiros e médicos de se juntarem aos combatentes. Reuniões são organizadas entre responsáveis políticos e técnicos de saúde. Após um curto período, virão se juntar a cada célula os representantes da população designados para os problemas de saúde pública. Todas as questões são abordadas com um espírito revolucionário notável.

Não há paternalismo, não há timidez. Há, pelo contrário, um esforço comum de energias aplicadas para a realização do planejamento de saúde elaborado. O técnico de saúde não realiza "trabalhos de abordagem psicológica para convencer o povo subdesenvolvido". Trata-se, sob a direção da autoridade nacional, de garantir a saúde do povo, de proteger a vida de nossas mulheres, nossos filhos, nossos combatentes.

É preciso insistir sobre a nova realidade que constitui na Argélia, desde 1954, o surgimento de um poder nacional. Essa autoridade nacional se encarrega da saúde do povo e o povo abandona sua antiga passividade. Preocupado com essa luta contra a morte, o povo trará, com respeito às diretrizes, uma consciência e um entusiasmo excepcionais.

O médico argelino, o médico autóctone que, como vimos, era percebido antes do combate nacional como um embaixador do ocupante, reintegra o grupo. Deitando-se no chão com os homens e mulheres das *mechtas*, vivendo o drama do povo, o médico argelino se torna um pedaço da carne argelina. Não há mais aquela reticência constante no período de opressão inconteste. Ele não é mais "o" médico, mas "nosso" médico, "nosso" técnico.

O povo reivindica e garante a partir de então uma técnica despojada de suas características estrangeiras. A guerra de libertação introduziu a técnica médica e o técnico autóctone na vida cotidiana de inúmeras regiões da Argélia. Populações habituadas às visitas mensais ou semestrais de médicos europeus veem se instalar definitivamente no meio de seus povoados médicos argelinos. Há a presença simultânea da revolução e da medicina.

Compreende-se que tais fatos possam constituir o substrato de uma efervescência incomparável e o ponto de partida para atitudes inovadoras. Os problemas de higiene e profilaxia são abordados em uma notável atmosfera criadora. As latrinas, que os planejamentos sanitários elaborados pela administração colonial se mostraram incapazes de fazer com que fossem admitidas nas *mechtas*, multiplicam-se. Noções a respeito da transmissão de parasitoses intestinais são imediatamente assimiladas pelo povo. A caçada à água parada é empreendida e a luta contra a oftalmia neonatal obtém resultados espetaculares. Não são mais as mães que negligenciam seus filhos, mas a aureomicina que falta. O povo quer se curar, quer se tratar e deseja compreender as explicações dos irmãos médicos ou enfermeiros.[30] Escolas de enfermeiros e enfermeiras são abertas, e o iletrado em poucos dias chega a aplicar injeções intravenosas.

Da mesma forma, velhas superstições começam a desmoronar. A feitiçaria, o marabutismo (já fortemente abalado pela ação dos intelectuais), a crença no *djin*,* tudo isso que parecia fazer parte da própria fisiologia do argelino é abalado pela ação e prática revolucionárias.[31] Não há uma instrução sequer, ainda que dificilmente aceitável por grupos humanos fortemente técnicos, que não seja então assimilada pelos argelinos. Apontaremos dois exemplos significativos.

Primeiro, a proibição de dar de beber a uma pessoa ferida no abdômen. A instrução é formal. Palestras foram dadas ao

---

* Espíritos sobrenaturais, muito comuns no imaginário islâmico. (N. T.)

povo. Não há um menino ou menina que ignore esta lei: jamais dê água a um soldado ferido na barriga. Depois de uma discussão à espera do médico, as pessoas reunidas em torno do ferido ouvem sem ceder às súplicas do combatente. Durante horas, as mulheres recusam obstinadamente ao ferido o gole de água reclamado. E o próprio filho do *mujahid* não hesitará em dizer a seu pai: "Aqui está seu fuzil, mate-me, mas não darei a água que você exige". À chegada do médico, o procedimento será realizado e o *mujahid* terá o máximo de chances de recuperação.

O segundo exemplo concerne à rigorosa dieta observada durante um caso de febre tifoide. No hospital, o cumprimento dessa instrução é obtido pela proibição de visitas familiares. Cada vez, de fato, que um membro da família é admitido junto ao paciente, ele se deixa abalar pela "fome" da vítima de tifo e consegue deixar com ele bolos ou frango. O resultado é que muitas vezes ocorre uma perfuração intestinal.

Na situação colonial, essas coisas assumem um aspecto particular, pois o colonizado interpreta essa instrução médica como uma nova forma de tortura, de fome, um tipo inédito de métodos desumanos do ocupante. Se o tífico é uma criança, entendemos os sentimentos que podem assaltar o espírito da mãe. No entanto, em pleno *djebel*, o enfermeiro ou médico argelino obtém da família do paciente um comportamento altamente adaptado. Precauções de higiene, ingestão regular de medicamentos, proibição de visitas, isolamento, enfim, dieta por vários dias. A mãe argelina, que nunca tinha visto um médico em sua vida, segue à risca as instruções do técnico.

Os especialistas em educação sanitária básica devem refletir cuidadosamente sobre as novas situações que despontam durante uma luta de libertação nacional de um povo subdesenvolvido. Assim que o corpo da nação retoma a vida de forma coerente e dinâmica, tudo se torna possível. O conhecimento da "psicologia do indígena" ou da "personalidade de base" manifesta sua vaidade. O povo que toma seu destino nas próprias mãos assimila em um ritmo quase extraordinário as formas mais modernas de tecnologia.

5. A minoria europeia da Argélia

ESCLARECEMOS DIVERSAS VEZES nas páginas anteriores certos aspectos da sociedade europeia da Argélia. Ressaltamos o comportamento frequentemente odioso de alguns europeus. Com certeza, gostaríamos de encontrar entre os médicos e intelectuais europeus da Argélia a preocupação em diminuir a tensão, em facilitar os contatos, em desdramatizar o conflito. Sabemos, pelo contrário, que foram os intelectuais europeus que assumiram o lugar dos colonos. Os Sérigny, os Borgeaud, os Laquière desapareceram ou seguem evoluindo em segundo plano. Não se deve, além do mais, acreditar que eles agem por meio de intermediários. Esse tempo está encerrado hoje. Os Lagaillarde e os Regard não são testas de ferro. Eles assumiram a direção das forças colonialistas, estabeleceram contatos diretos com o Exército e os partidos franceses de direita e não descartam a possibilidade de uma ruptura brutal. Os clássicos da colonização estão há muito ultrapassados. Acostumados com a ação parlamentar, as pressões políticas e as manobras de bastidor, esses homens manifestam há três meses uma clara hesitação. É que os novos vultos da colonização enxergam o futuro de forma apocalíptica. Alguns intelectuais europeus da Argélia, porque ligados ao poder colonial, contribuíram com bastante frequência para dar à Guerra da Argélia seu caráter alucinante. Vimos médicos designados em tempo integral

A minoria europeia da Argélia

junto a gabinetes da polícia judiciária e sabemos que filósofos e padres, nos centros de reagrupamento ou de internação, assumem a missão de fazer uma lavagem cerebral, de penetrar as almas, de tornar irreconhecível o homem argelino.

Ora, veremos que a minoria europeia da Argélia está longe de ser o bloco monolítico que imaginamos. O diretor do jornal *L'Écho d'Oran*, Pierre Laffont, ao declarar recentemente que Argel não representa a Argélia, manifesta precisamente o desejo que alguns europeus experimentam de se distanciar do estado-maior colonialista de Argel. Em último caso, além disso, será preciso dizer que a rue Michelet, a rue d'Isly e alguns cafés de Bab El Oued não representam a Argélia.

Em abril de 1953, no comitê diretor do MTLD [Movimento para o Triunfo das Liberdades Democráticas],[32] é tomada a decisão de entrar em contato com a população europeia e de discutir diferentes pontos de vista com os principais grupos e interesses constitutivos da minoria europeia. A UDMA [União Democrática do Manifesto Argelino][33] também, em suas doutrinas, lembra constantemente a seus militantes a necessidade estratégica e política de não rejeitar todos os europeus do lado colonialista. Salientemos ainda que muitos europeus são nessa época membros da UDMA.

Tais posições rapidamente seriam recompensadas. Nas cidades, multiplicam-se os encontros entre argelinos muçulmanos e argelinos europeus. Esses encontros nada têm em comum com as farsas franco-muçulmanas das autoridades colonialistas. Não há *méchoui*,* nem exotismo, nem pater-

---

* Assado de carneiro ou cordeiro típico da culinária norte-africana, ou refeição em que é servido esse prato. (N. T.)

nalismo, nem humildade. Homens e mulheres discutem o próprio futuro, evocam os perigos que pesam sobre o país.

Grupos de jovens se reúnem nessa época e saídas são organizadas. Associações de moças descobrem-se umas às outras e começam a trabalhar em conjunto; as bases psicológicas de encontros humanos e verdadeiramente democráticos são definitivamente lançadas nessa época.

Conhecidos ou supostos democratas e anticolonialistas europeus são abordados por lideranças. A questão argelina é estudada sob todos os seus aspectos e, com muita frequência, são os europeus que, após uma exposição completa da situação colonial, se espantam com o fato de que a Argélia ainda não tenha tirado suas conclusões dos fracassos políticos. Muitas vezes esses europeus se dão conta da necessidade de uma ação armada, a única capaz de tirar a Argélia de sua situação desesperadora.

Alegou-se com frequência que a FLN de modo algum discriminava os diferentes membros da sociedade europeia da Argélia. Aqueles que proferem tais acusações ignoram tanto a política há muito tempo definida pela Frente em relação aos europeus da Argélia quanto o apoio constante que centenas e centenas de europeus e europeias dão a nossas unidades ou nossas células políticas. O que dissemos é que o povo argelino, de maneira espontânea, percebe o sistema opressivo pela importância da população europeia e, sobretudo, pelo silêncio e inatividade dos democratas franceses na Argélia, tendo em conta a violência afirmada e soberana dos colonialistas.

Inalteradas as circunstâncias, podemos dizer dos democratas europeus da Argélia o que não deixamos de repetir a respeito dos partidos de esquerda franceses: durante muito tempo a história se fez sem eles. Eles não conseguiram impedir o envio dos contingentes para a Argélia, nem a capitulação de Guy Mollet, nem Lacoste, nem o Treze de Maio. No entanto sua existência obriga os neofascistas da Argélia e da França a estarem na defensiva. *A esquerda há muito tempo não faz nada na França*. Mas, por sua ação, por suas denúncias e análises, ela *impediu* certo número de coisas.

Os democratas europeus da Argélia, no quadro da Guerra da Argélia, em geral não podiam reagir como seus homólogos que viviam na França. A democracia na França, tradicionalmente, vive em plena luz do dia. Na Argélia a democracia é, de saída, traição. Um Claude Bourdet, um Domenach, um Pierre Cot podiam discordar publicamente da política do governo de seus países. Antigos combatentes, tendo desde sempre consagrado suas vidas à defesa e ao triunfo de determinados princípios, não experimentaram nenhuma hesitação. E as ameaças, quando chegam, os encontram absolutamente firmes. Mas é preciso insistir sobre o fato de que, no quadro do território francês, as tradições democráticas estão relativamente conservadas. A França, país imperialista, oculta um grande potencial racista, compreendemos isso melhor nos últimos dois anos, mas entre os franceses há reflexos que entram em jogo espontaneamente. Daí a liberdade relativa que é deixada aos opositores — cada vez menos, aliás, mas é que a França começa a ser colonizada pelos ativistas da Argélia; daí também a espécie de revolta que eclode na opinião francesa a cada revelação feita sobre as torturas na Argélia.

Por causa de suas próprias contradições, do poder e do radicalismo dos partidos reacionários, as forças de esquerda na França não puderam até hoje impor a negociação. Mas, inquestionavelmente, elas coagem sem descanso os extremistas a se desmascarar, a adotar progressivamente as posições que precipitarão sua derrota.

Na Argélia, as forças de esquerda não existem. É impensável que os democratas europeus realmente militem na Argélia fora do Partido Comunista Argelino. Sabemos que mesmo o PCA por muito tempo se confinou a um reformismo como o da União Francesa, e que, longos meses depois do Primeiro de Novembro de 1954, os comunistas argelinos denunciaram os "terroristas provocadores", em outros termos, a FLN.

Os democratas europeus da Argélia, desde sempre, vivem mais ou menos em um estado de clandestinidade. Afogados na massa europeia, eles vivem em um conjunto de valores que seus princípios rejeitam e condenam. O democrata europeu está alerta. Ele tem contato com os argelinos, mas em segredo. Na colônia europeia, ele é também chamado de "árabe". Todos esses fenômenos são bem conhecidos e foram vistos na Indochina, na África negra, na Tunísia e no Marrocos.

O democrata europeu, acostumado a contatos semiclandestinos com os argelinos, aprende inconscientemente as leis da ação revolucionária. E quando aqueles que ele costumava receber lhe disserem para hospedar um amigo, buscar medicamentos ou transportar uma encomenda, não haverá dificuldades, de um modo geral. Insistamos sobre o ponto de que nunca um membro da Frente tenha traído um democrata francês da Argélia. Colocar em risco, por menor que fosse, um homem ou uma mulher que desde sempre tiveram nossa estima sem os avisar estava fora de questão. A decisão de ajudar a FLN era tomada com toda a clareza, toda a responsabilidade. Nunca traímos um democrata francês. Às vezes, sobretudo nos períodos muito intensos de 1957, ocorria de um democrata recuar e recusar, desesperado, o serviço solicitado; mas nunca houve uma tentativa de trair ou explorar a sinceridade e a benevolência dos europeus.

Seria preciso talvez acrescentar que, muitas vezes, o europeu declara não querer conhecer os detalhes da questão a propósito da qual sua colaboração é solicitada. Mas a direção é intransigente. A FLN queria responsáveis, não pessoas que desmoronassem e afirmassem que haviam sido traídas ao menor imprevisto.

As europeias e os europeus presos e torturados pelos serviços policiais e pelos paraquedistas franceses, com sua atitude mesmo sob tortura mostraram precisamente a justeza dessa posição da FLN. Não houve um francês que tivesse, de fato, revelado aos policiais colonialistas algo capital para a revolução. Pelo contrário, os europeus presos resistiam o suficiente para permitir a outros membros da rede desaparecerem. O torturado europeu se comportou como um autêntico militante no combate nacional pela independência.

A FLN, nos últimos cinco anos, não considerou necessário insistir na participação dos europeus da Argélia na luta de libertação. Esse silêncio se explica pela preocupação de não brandir o caso desses europeus, de não diferenciar sua ação da ação de qualquer argelino. A FLN não quis, no seio da revolução, fazer deles europeus de propaganda, à semelhança da Argélia colonial, na qual religiosamente eram encontrados, em qualquer comitê, o muçulmano e o judeu de fachada.

Para a FLN, no âmbito da cidade em construção, há apenas argelinos. De saída, portanto, qualquer indivíduo que viva na Argélia é argelino. Na Argélia independente de amanhã, caberá a cada argelino assumir ou rejeitar em benefício de outra a cidadania argelina.

Há, com certeza, criminosos de guerra, todos esses torturadores rechaçados de Saigon, de Túnis ou de Meknés que hoje, em Argel ou em Mascara, antes do fim do reino colonial que sentem se aproximar, derramam o máximo possível de sangue humano colonizado. Esses não são de parte alguma. Agora que o império colonial francês está agitado por conta de seus recentes sobressaltos, os franceses se beneficiariam em identificá-los. Se retornarem para a França, esses homens deverão ser monitorados. Os chacais não passam a se alimentar de leite de um dia para o outro. O gosto por sangue e crime está profundamente impregnado nessas criaturas, que, de qualquer forma, é preciso dizer, são casos para os alienistas exclusivamente.

Há também as poucas centenas de colonialistas europeus, poderosos, intransigentes, aqueles que desde sempre suscitaram as repressões, quebraram os democratas franceses, bloquearam no quadro colonial qualquer tentativa de introduzir um mínimo de democracia na Argélia.

O povo argelino não tem de renovar sua posição em relação a esses homens, que consideraram a Argélia e os argelinos como domínios seus. O povo os excluiu da nação argelina e eles não devem esperar ser "recuperados".

Mostraremos agora, em detalhes, que a minoria europeia há vários anos está fragmentada e que importantes grupos de argelinos não árabes simpatizam com a causa argelina, colaboram ativamente na luta, enquanto outros, oficialmente, militam nas fileiras da revolução argelina.

Os judeus da Argélia

Os judeus argelinos representam um quinto da população não muçulmana da Argélia. Seu comportamento diante da luta do povo argelino, claro, não é homogêneo. A análise socioeconômica explica perfeitamente, aliás, as diferentes atitudes adotadas pelos membros da comunidade judaica.

Um primeiro contingente de judeus atrelou fortemente seu destino ao da dominação colonial. Os comerciantes judeus, por exemplo, protegidos da concorrência com os argelinos por seu status de franceses, não veriam sem algum desgosto a instalação de uma autoridade nacional argelina e o desaparecimento dos regimes preferenciais. Os bancos, com efeito, criam enormes dificuldades para conceder empréstimos aos comerciantes argelinos e, muitas vezes, bloqueiam suas transações, colaborando ativamente assim para a sua falência, ou, em todo caso, limitando a expansão de seus negócios e eliminando, como consequência, sua natureza perigosa para os outros comerciantes.

Em qualquer grande cidade da Argélia, contudo, podemos citar um ou dois argelinos que, por tenacidade e inteligência comercial, chegaram a frustrar essas manobras e a representar uma ameaça à preeminência dos comerciantes judeus.

"Se algum dia eles conquistarem a independência, é certo que tomarão nosso lugar", confessam estes últimos. Portanto, no nível da concorrência econômica, o comerciante judeu teme que a igualdade diante da competição instaurada por um poder argelino lhe seja prejudicial. Esse medo está longe de ser uma característica exclusiva sua. Pode ser encontrado entre os negociantes europeus de qualquer origem ou grau de riqueza. O fim do regime colonial é vivido como fim dos bons tempos.

É preciso também ressaltar que tal disposição de espírito não é encontrada em todos os níveis e em todas as regiões. Na verdade, nas aglomerações em que o comerciante judeu mantém contatos estreitos com a população argelina e nas quais a independência econômica é quase explícita, há conflito de interesses. Nessas aglomerações, os comerciantes judeus garantem o abastecimento de vestimentas militares, cobertores etc. para o ALN. Não ignoramos que, desde 1954, vários comerciantes judeus foram presos por cumplicidade com a revolução argelina.

Os funcionários públicos judeus, praticamente os únicos quadros administrativos recrutados localmente — os europeus da Argélia são colonos ou exercem profissões liberais —, também imaginam com assombro o nascimento de um Estado argelino. Eles tranquilamente preveem que a liberdade reconhecida a todo argelino de ser escolarizado e por vezes bolsista, o desaparecimento do ostracismo e do *numerus clausus* introduziriam modificações brutais em seus privilégios. Lembramos o descontentamento manifestado pelos funcionários públicos europeus da Argélia quando, em sinal de "consciência", as autoridades francesas debateram o espectro do "acesso dos muçulmanos ao serviço público".

Embora frequente na Argélia, esse estado de espírito não é exclusivo de posições absolutamente opostas. Conhecemos oficiais de polícia judeus que, sobretudo em 1955-6, atrasaram a prisão de patriotas decretada, contudo, pela alta cúpula, muitas vezes permitindo assim que eles "desaparecessem".

Enfim, sendo a Argélia colonial um país eminentemente racista, aí encontramos os diferentes mecanismos da psicologia racista. É assim que o judeu, desprezado e marginalizado pelo europeu, alegra-se muito em certas ocasiões por se unir àqueles que o humilham para, por sua vez, humilhar o argelino. Mas é muito raro, salvo na região de Constantina, onde os pobres e numerosos judeus prosperam à sombra do reino colonial, ver judeus, em plena luz do dia, afirmarem seu pertencimento aos grupos extremistas da Argélia.

Ao lado das duas grandes categorias de comerciantes e de funcionários públicos judeus, há a massa imponente, arabizada ao extremo, falando mal o francês, inconstante, mas que se considera, pelas tradições e às vezes pela vestimenta, como autênticos "indígenas". Essa massa representa os três quartos da população judaica argelina. No território argelino, eles são os homólogos dos judeus tunisianos de Djerba ou dos *mellah** marroquinos. Para esses judeus, não se coloca nenhum problema: eles são argelinos.

Vemos, assim, que a fração da minoria judaica engajada ativamente nas fileiras do colonialismo é relativamente pouco importante. Abordemos agora o caso dos judeus argelinos que participam da luta de libertação nacional.

Quando as autoridades francesas decidem pela criação de milícias urbanas e rurais, os cidadãos judeus desejam saber que atitude adotar diante dessa mobilização. Alguns não hesitam em propor à FLN que não respondam à ordem de requisição e que se juntem à resistência mais próxima. A Frente, em geral, aconselha prudência e se contenta em pedir a esses

---

* Bairros judeus das cidades do Marrocos. (N. A.)

judeus, no âmbito de sua profissão, no seio do dispositivo inimigo, "para serem os olhos e os ouvidos da revolução".

A presença de judeus no seio das milícias igualmente presta serviços à luta. É assim que os membros de uma patrulha informam os responsáveis sobre o tamanho das unidades, o seu armamento, o circuito que deve ser tomado, as horas das rondas. Da mesma forma, os responsáveis são frequentemente mantidos informados sobre as operações de represálias organizadas contra este ou aquele aduar.

Assim, um europeu da Argélia que, com sua unidade, participou ativamente do massacre de civis argelinos é, poucos dias depois, alvo de um atentado por parte dos fedayines. Para a população europeia alheia aos eventos que determinaram a decisão da célula local da FLN, o atentado parece injusto e injustificável. Mas, para os diferentes membros da milícia que guardam na memória os gritos dos assassinados do aduar e das mulheres estupradas, o motivo desse gesto é claro. A evidência da justiça popular se manifesta com uma solidez particular. O observador ciente dos detalhes dos eventos pode então ver, nos dias seguintes ao atentado, vários funcionários públicos membros das milícias pedindo transferência ou, literalmente, se refugiando em Argel.

Outras vezes, os judeus participam da luta financeiramente e pagam todo mês, através de um intermediário, como é de praxe, a soma imposta.

É bom que os franceses saibam essas coisas; as autoridades francesas, por sua vez, não as ignoram; é bom que os judeus saibam também, pois não é verdade que o judeu esteja com o colonialismo e que o povo argelino o relegue ao campo dos opressores.

O povo argelino, para dizer a verdade, não esperou 1959 para esclarecer sua posição em relação aos judeus. Eis uma passagem do apelo lançado sob a forma de panfleto aos judeus da Argélia, nos momentos mais difíceis da revolução, isto é, no outono de 1956:

> O povo argelino considera que é hoje seu dever dirigir-se diretamente à comunidade israelita para lhe pedir que afirme solenemente seu pertencimento à nação argelina. Essa escolha claramente declarada dissipará todos os mal-entendidos e extirpará os germes do ódio alimentado pelo colonialismo francês.

Já na Plataforma, publicada em agosto de 1956, a FLN declarava a propósito da minoria judaica:

> Os argelinos de origem judaica ainda não superaram suas crises de consciência nem escolheram para que lado ir.
> Esperemos que sigam, em grande número, o caminho daqueles que responderam ao chamado da pátria generosa, concederam sua amizade à revolução reivindicando já, com orgulho, sua nacionalidade argelina.

> Os intelectuais judeus, seja nos partidos democráticos e tradicionalmente anticolonialistas, seja nos grupos de liberais, manifestaram espontaneamente apoio à causa argelina. *Ainda hoje, os advogados ou os médicos judeus que compartilham, nos campos ou em prisão, o destino de milhões de argelinos atestam a realidade multirracial da nação argelina.*
> Posicionamentos oficiais foram igualmente manifestados pela população judaica da Argélia.

Em agosto de 1956, um grupo de judeus de Constantina escreveu:

> Uma das manobras mais perniciosas do colonialismo na Argélia foi e continua sendo a divisão entre judeus e muçulmanos [...]. Os judeus estão na Argélia há mais de 2 mil anos. Eles são, portanto, parte do povo argelino [...]. Muçulmanos e judeus, filhos de uma mesma terra, não devem cair na armadilha da provocação. Pelo contrário, eles devem enfrentá-la. Não se deixar enganar por aqueles que, há não muito tempo, consideravam com desembaraço a aniquilação total dos judeus como uma etapa salutar da evolução da Humanidade.

Em janeiro de 1957, respondendo ao chamado da Frente, uma associação de judeus argelinos escreveu:

> Agora é tempo de voltarmos à comunidade argelina. O apego a uma cidadania francesa artificial é um engano quando se desenvolve a passos largos a jovem e poderosa nação argelina moderna [...]. Judeus se uniram às fileiras dos argelinos lutando pela independência nacional [...]. Alguns pagaram com a própria vida, outros suportaram com coragem as sevícias policiais mais imundas e hoje fecham-se sobre eles as portas das prisões e dos campos de concentração. Sabemos também que, na luta comum, muçulmanos e judeus se descobriram irmãos de raça, e que experimentam uma afeição profunda e definitiva pela pátria argelina. Proclamando nossa afeição à nação argelina, eliminamos o pretexto do qual se servem os colonialistas, fazendo com que o povo francês creia que a revolta aqui é apenas o resultado de um fanatismo medieval para prolongar sua dominação.

Os colonos da Argélia

Outro mito a ser destruído é a representação indiferenciada dos colonos da Argélia como contrários ao fim da dominação colonial.

Aqui novamente o colonialismo francês deve saber que o apoio mais importante dado pelos europeus da Argélia à luta do povo foi e continua sendo o dos colonos. Não há entre os argelinos quem não tenha se surpreendido pela frequência com que os colonos responderam às solicitações da FLN. Em todo caso, nunca um colono contactado notificou as autoridades francesas. Acontece de recusarem, mas o segredo sempre foi mantido.

No campo, desde os primeiros meses de 1955, os pequenos colonos, os agricultores e os gerentes são abordados. Claro, os extremistas mais conhecidos são sistematicamente evitados. Em geral, sobretudo nas pequenas e médias aglomerações, os homens se conhecem e, por sua vez, o argelino sempre rotulou cada europeu. Quando uma célula da FLN decide entrar em contato com europeus da região, de imediato os membros sabem quais devem automaticamente excluir da consulta.

Eles conhecem também, ainda que com menos certeza, quais provavelmente ajudarão a revolução.

Muitas vezes, sobretudo nos pequenos centros rurais, apenas um membro da célula fica encarregado das relações com os europeus. Concebemos tranquilamente a vigilância que deve ser exercida nos primeiros meses da luta para impedir as iniciativas infelizes de militantes ainda mal adaptados. Vimos, com efeito, que a minoria europeia é percebida em bloco no âmbito da situação colonial. Em 1º de novembro de

1954 há, portanto, uma simplificação exacerbada. O mundo acusa repentina e fortemente seus relevos e suas antinomias. O colono que ajuda a revolução pode ser levado, em público, no café ou em uma conversa, para manifestar aos outros europeus sua solidariedade, a fazer eco aos propósitos colonialistas: "Com eles apenas a força conta, todos estão envolvidos" etc. O povo, com os sentidos aguçados, descobre que essas palavras foram defendidas e uma nova evidência toma corpo no povoado. Esse colono é por unanimidade designado para sofrer os golpes dos fedayines. É preciso, portanto, intervir com flexibilidade, proibir todo gesto de hostilidade sobre a pessoa ou contra os bens desse colono e, ao mesmo tempo, não deixar que se suponham as razões dessas orientações.

Por vezes, pode ser que se tome a decisão de queimar algumas mós na propriedade de um colono que, em uma região também arrasada pela FLN, paradoxalmente não sofreu nenhum dano. Os europeus colonialistas vítimas das ações da FLN chegam a se interrogar sobre as razões desse respeito inusitado da Frente para com as terras desse colono. Ressaltemos também que, em certas aglomerações, temos evidências de incêndios ou de abates em série de gado por vizinhos europeus invejosos da proteção da qual parece desfrutar um colono em relação às raides quase cotidianas realizadas pelas unidades do ALN sobre suas propriedades.

A partir de 1955, numerosas fazendas pertencentes a colonos europeus servem alternadamente como enfermarias, refúgios e locais de descanso. Quando as tropas francesas se habituam, durante as razias, a destruir sistematicamente as reservas de grãos das populações argelinas, o ALN decide armazenar suas provisões nas fazendas de europeus.

Assim, várias explorações agrícolas que pertencem a europeus se transformam em verdadeiros celeiros do ALN e, à noite, é possível ver as seções das unidades do ALN descerem das montanhas e receberem sacos de trigo ou de sêmola.

Outras vezes, são armazenadas armas nas fazendas. É o período durante o qual, de uma zona para outra, são realizadas reuniões nas dependências de uma fazenda europeia.

As entregas de armas são efetuadas sob a proteção sagrada do colono europeu.

Acontece igualmente de os colonos aceitarem as armas que lhes são entregues pelo Exército francês — sob o pretexto de autoproteção — e cederem ao ALN suas armas anteriores.

Enfim, desde o início da revolução, é fato que muitos agricultores europeus ajudaram financeiramente a revolução argelina.

As dezenas de colonos europeus detidos por tráfico ou porte de armas ou apoio material "à rebelião" bastam para demonstrar a importância da participação europeia na luta de libertação nacional. Quando descobrem esse engajamento dos europeus com a Frente, as autoridades francesas passam a silenciá-los ou considerá-los comunistas. Esse artifício de propaganda tem dois objetivos.

Primeiro, reanimar a tese da infiltração comunista na África do Norte, no sistema da Otan, no coração da civilização ocidental.

Depois, desacreditar esses homens, apresentá-los como "agentes do estrangeiro" ou mesmo como mercenários. O colonialismo francês se recusa a admitir que um europeu bem constituído possa realmente lutar ao lado do povo argelino.

Fazendeiros europeus, sem se engajar no combate, ajudam a Frente recusando, por exemplo, a proteção que lhes é oferecida pelo Exército francês. Essas recusas por vezes são importantes, pois, como as fazendas estão localizadas em uma região estratégica capital (via de passagem entre duas montanhas, limites fronteiriços), a ausência de assentamentos de forças colonialistas favorece o movimento das unidades do ALN ou o fornecimento de provisões para os *mujahidin*. Acontece por vezes de o Exército francês decidir, no âmbito do controle de um setor, se estabelecer em uma fazenda apesar da oposição do colono. O proprietário então nunca deixa de prevenir a Frente de que esse assentamento militar se faz sem seu consentimento e que ele não havia pedido proteção a ninguém.

Além disso, todos os esforços são feitos pelo colono em questão para tornar a vida dos militares franceses impossível e, em todo caso, para fazer chegar aos responsáveis locais da FLN informações precisas sobre o tamanho e o moral da unidade instalada na fazenda.

Os europeus nas cidades

Nas aglomerações urbanas, os europeus da Argélia trabalharão essencialmente no seio das células políticas. Com as medidas tomadas pelos ministros franceses Soustelle e Lacoste, vimos um embargo radical atingir os produtos farmacêuticos e os instrumentos cirúrgicos. Igualmente apontamos que as diretrizes dirigidas aos médicos os obrigavam a denunciar às autoridades policiais todo ferido suspeito.

Médicos e farmacêuticos europeus passam, então, a cuidar sem discriminação dos feridos do ALN e a entregar os antibióticos e o éter requisitados pelos militantes da FLN. Centenas de milhões de unidades de penicilina serão diariamente direcionadas à resistência.

Outros médicos se engajam ainda mais e concordam sem hesitação em ir às montanhas do entorno para tratar dos feridos. Às vezes, diante da gravidade do ferimento, eles embarcam o *mujahid* em seu carro, conduzem-no a uma clínica aliada e o tratam durante uma ou duas semanas. Os policiais franceses chegaram a ter conhecimento dessas coisas, porque a partir de certo período são feitas revistas regulares em certas clínicas.

As enfermeiras e os enfermeiros europeus, por sua vez, vão subtrair dos hospitais instrumentos cirúrgicos, sulfonamidas, ataduras...

Outras vezes, após uma intervenção cirúrgica realizada por médicos franceses em um prisioneiro ferido, o operado, na fase do despertar, ainda sob o efeito da anestesia, revela certos segredos. A enfermeira, quando o ferido está totalmente desperto, aconselha-o a ter cuidado e lhe conta as revelações feitas. Por outro lado, acontece de o médico interno presente na sala telefonar imediatamente aos policiais, que realizam, então, duas horas após um grave procedimento, verdadeiras sessões de tortura.

Médicos europeus igualmente organizam cursos clandestinos para os futuros enfermeiros militares do ALN. Várias classes de auxiliares médicos saem assim dessas escolas e se reúnem àquelas formadas nos centros homólogos dirigidos pelos médicos argelinos.

As jovens europeias colocam-se à disposição de uma célula política e fornecem papel, mimeógrafos e, muitas vezes, encarregam-se da impressão dos panfletos da FLN. Os jovens, com seus carros, garantem o transporte dos membros de uma rede. Famílias europeias põem-se ao encargo de importantes responsáveis políticos e permitem, em várias ocasiões, que eles escapem das varreduras do general Massu. Autoridades públicas e homens políticos europeus fornecem às células da FLN passaportes, carteiras de identidade e de trabalho falsas...

É também graças ao engajamento cada vez maior de europeus da Argélia que a organização revolucionária pôde, em determinadas cidades, escapar dos policiais e paraquedistas.

Sabemos que muitos europeus foram detidos e torturados por terem abrigado e livrado dos bandos colonialistas responsáveis políticos ou militares da revolução.

Em seus veículos, os europeus não se contentam em transportar apenas medicamentos e pessoas. Eles também transportam armas. Submetralhadoras e caixas de granadas podem assim atravessar todos os bloqueios, já que os europeus não são nunca revistados. Aconteceu até mesmo de carros de europeus serem revistados e o europeu, para evitar preocupações, justificar a presença dessas armas por um desejo de estar pronto "para aniquilar os árabes". Tal posição entusiasma o "serviço de segurança" encarregado do controle rodoviário e, muitas vezes, o bistrô mais próximo acolhe essa fraternidade "anti-indígena".

E ainda, algo inesperado, mas que já se repetiu várias vezes, policiais informam a célula local sobre as operações futuras, previnem este ou aquele argelino que está sendo rastreado ou, no último minuto, avisam-no que um prisioneiro torturado falou e o apontou como sendo o responsável local.³⁴

Além dos europeus detidos e muitas vezes terrivelmente torturados pelas tropas francesas por "cumplicidade com o inimigo", evidentemente existe na Argélia um grande número de franceses engajados na luta de libertação. Outros pagaram com a vida por sua fidelidade à causa nacional argelina. Foi por isso que, para dar um exemplo, Maître Thuveny, advogado de Orã que militou por muito tempo nas fileiras da FLN, morreria na sequência de um atentado organizado no Marrocos pelo Segundo Bureau francês.

Conclusão

NAS PÁGINAS ANTERIORES, lançamos luz sobre alguns aspectos da revolução argelina. A originalidade e a fecundidade impaciente da revolução são desde já as grandes vitórias do povo argelino. Essa comunidade em ação, renovada e livre de toda sujeição psicológica, emocional ou jurídica, conduz hoje a exigências modernas e democráticas de excepcional densidade.

A tese de que a promoção de uma nova sociedade só é possível no âmbito da independência nacional encontra aqui o seu corolário. Isso porque, ao mesmo tempo que o homem colonizado se apoia sobre a opressão e a rejeita, nele se produz uma mudança radical que torna impossível e escandalosa qualquer tentativa de manutenção do regime colonial. Foi essa mudança que analisamos aqui.

É verdade que a independência materializa as condições espirituais e materiais da reconversão do homem. Mas são também as transformações internas e a renovação das estruturas sociais e familiares que impõem, com o rigor da lei, a emergência da nação e o florescimento da sua soberania.

Dizemos firmemente que o homem argelino e a sociedade argelina se despojaram da sedimentação mental e da prisão emocional e intelectual organizadas por 130 anos de opressão. Esse colonialismo que manteve o povo nas malhas estreitas da polícia e do Exército agora está mortalmente ferido. O colonialismo francês na Argélia sempre se desenvolveu de acordo com um desejo de eternidade. As estruturas postas em prática, os portos, os aeródromos, a proibição da língua árabe muitas vezes davam a impressão de que o inimigo se engajava, se comprometia, se perdia parcialmente em sua presa justo para impossibilitar qualquer eventual ruptura, qualquer separação. Cada manifestação da presença francesa que expressasse um enraizamento contínuo no tempo e no futuro argelino sempre foi lida sob o signo da opressão indefinida.

A importância da população europeia e a ganância dos colonos e sua filosofia racista exigiram de cada expressão francesa na Argélia o máximo de solidez e peso. Da mesma forma, são a robustez e a veemência das conquistas francesas que mantêm e reforçam a categoria opressora do colonialismo.

À história da colonização, o povo argelino hoje opõe a história da libertação nacional.

Resta saber se o governo francês levará em conta o que ainda é possível hoje. Retraçamos, escolhendo alguns setores privilegiados, o caminho vitorioso do colonizado na via para sua libertação. Indicamos que, no nível estrito da pessoa e de sua efervescência prodigiosa, ocorreu uma revolução, fundamental, irreversível, em perpétuo aprofundamento.

A palavra deveria agora retornar à razão. Se o governo francês quiser recuperar as condições anteriores a 1954, ou mesmo a 1958, é bom que saiba que isso agora é impossível. Se, por outro lado, ele desejar levar em conta as mudanças que ocorreram nos últimos cinco anos na consciência do homem argelino, se quiser dar ouvidos às vozes obstinadas e fraternas que, de todos os cantos do mundo, dão continuidade à revolução e se reconhecem na luta de um povo que não poupa seu sangue nem seus sofrimentos pelo triunfo da liberdade, então dizemos que tudo ainda é possível.

O esmagamento da revolução argelina, seu isolamento, sua asfixia, sua morte por exaustão... tantos sonhos tolos.

A revolução profunda, a verdadeira, justamente porque transforma o homem e renova a sociedade, está muito avançada. Esse oxigênio que inventa e organiza uma nova humanidade, isso também é a revolução argelina.

Anexos

As mulheres na revolução
Anexo ao capítulo 1

O texto a seguir, publicado no jornal Résistance Algérienne *de 16 de maio de 1957, indica a consciência que os responsáveis da Frente de Libertação Nacional sempre tiveram do importante papel da mulher argelina na revolução.*

Sobre a terra argelina que cada dia se liberta um pouco mais da opressão colonialista, assistimos a um deslocamento dos velhos mitos.

Dentre as "coisas incompreensíveis" do mundo colonial, foi abundantemente citado o caso da mulher argelina. Os estudos de sociólogos, islamólogos e juristas abundam em considerações sobre a mulher argelina.

Sucessivamente descrita como escrava do homem ou como soberana inconteste do lar, o status da argelina é questionável para os teóricos.

Outros, igualmente autorizados, afirmam que a mulher argelina "sonha em se libertar", mas que um patriarcado retrógrado e sanguinário se opõe a esse legítimo desejo. A leitura dos últimos debates na Assembleia Nacional francesa indica o preço que é atribuído a uma abordagem coerente desse "problema". A maioria dos debatedores evoca o drama da argelina e reclama sua promoção. É o único meio, acrescenta-se, de desarmar a rebelião. Entre os intelectuais colonialistas, transformar o sistema colonial em "caso sociológico" é uma constante. Tal país, dirão, apelava, solicitava a conquista. Para utilizar um exemplo célebre, assim foi descrito um complexo de dependência entre os malgaxes.

A mulher argelina, por sua vez, é "inacessível, ambivalente, com um componente masoquista". São descritos comportamentos precisos ilustrando essas diferentes características. A verdade é que o estudo de um povo ocupado, militarmente submisso a uma dominação implacável, requer garantias dificilmente reunidas. Não é o solo que está ocupado. Não são os portos nem os aeródromos. O colonialismo francês se instalou no próprio cerne do indivíduo argelino e ali empreendeu um trabalho constante de varredura, de expulsão de si mesmo, de mutilação racionalmente perseguida.

Não há uma ocupação do terreno e uma independência das pessoas. O país como um todo, sua história e sua pulsação cotidiana são contestados, desfigurados, na esperança de uma aniquilação definitiva. Nessas condições, a respiração do indivíduo é uma respiração observada, ocupada. É uma respiração de combate.

A partir de então, os reais valores do ocupado logo se habituam a existir clandestinamente. Diante do ocupante, o ocupado aprende a se esconder, a ser astuto. Ao escândalo da ocupação militar ele opõe um escândalo do contato. Todo encontro do ocupado com o ocupante é uma mentira.

A argelina, em 48 horas, abalou todas as pseudoverdades que anos de "estudos de campo" haviam, podia-se acreditar, confirmado amplamente. Decerto, a revolução argelina provocou uma modificação objetiva das atitudes e das perspectivas. Mas o povo argelino nunca se desarmou. O Primeiro de Novembro de 1954 não foi o despertar do povo, mas o sinal que ele esperava para se pôr em movimento, para experimentar em plena luz do dia uma tática adquirida, e solidamente reforçada, durante o belo período franco-muçulmano.

A argelina, como seus irmãos, havia minuciosamente montado mecanismos de defesa que lhe permitem hoje desempenhar um papel capital na luta de libertação.

Primeiro, o famoso status da argelina. Sua pretensa clausura, sua radical marginalização, sua humildade, sua existência silenciosa confinando-se a uma quase ausência. E a "sociedade muçulmana" que não lhe abre nenhum espaço, amputa sua personalidade, não lhe permite nem desenvolvimento nem maturidade, mantendo-a em um perpétuo infantilismo.

Tais afirmações, esclarecidas por "trabalhos científicos", recebem hoje a única contestação válida: a experiência revolucionária.

O amor ao lar tão ardente na argelina não é uma limitação do universo. Não é ódio ao sol, às ruas ou aos espetáculos. Não é fuga do mundo.

Dá-se que, em condições normais, um duplo movimento deve existir entre a família e o conjunto social. O lar funda a verdade social, mas a sociedade autentica e legitima a família. A estrutura colonial é a própria negação dessa recíproca justificativa. A mulher argelina, ao se impor tal restrição, ao escolher uma forma de existência limitada no espaço, aprofundava sua consciência de luta e se preparava para o combate.

Esse fechamento, essa rejeição de uma estrutura imposta, essa introversão sobre o núcleo fértil que representa uma existência acanhada mas coerente constituem por muito tempo a força fundamental do ocupado. Apenas a mulher, com a ajuda de técnicas conscientes, preside a implementação do dispositivo. O essencial é que o ocupante tropece constantemente sobre uma frente unificada. Daí a aparência esclerosada que a tradição deve assumir.

Na realidade, a efervescência e o espírito revolucionários são mantidos pela mulher no lar. É que a guerra revolucionária não é uma guerra de homens.

Não é uma guerra feita com um exército regular e reservas. A guerra revolucionária, tal qual é travada pelo povo argelino, é uma guerra total em que a mulher não apenas tricota ou chora pelo soldado. A mulher argelina está no coração do combate. Presa, torturada, estuprada, abatida, ela testemunha a violência do ocupante e sua desumanidade.

Enfermeira, agente de ligação, combatente, ela testemunha a profundidade e a densidade da luta.

Falaremos também do fatalismo da mulher, de sua falta de reação diante da adversidade, de sua inaptidão em mensurar a gravidade dos eventos. A manutenção incondicional do sorriso, a persistência de uma esperança aparentemente infundada ou a recusa em se pôr de joelhos são assimiladas a uma incompreensão dos fatos.

O humor, que é uma apreciação rigorosa do evento, passa despercebido pelo ocupante. E a coragem manifestada pela mulher argelina na luta não é uma criação inesperada ou o resultado de uma mutação. É a réplica do humor na fase insurrecional.

O lugar da mulher na sociedade argelina está indicado com tal veemência que se pode facilmente explicar a consternação do ocupante. Pois a sociedade argelina acaba por não ser a sociedade sem mulheres que tão bem haviam descrito.

Lado a lado conosco, nossas irmãs abalam um pouco mais o dispositivo inimigo e liquidam definitivamente as velhas mistificações.

Testemunho de Charles Geromini
Anexo ao capítulo 5

Testemunho de Charles Geromini, ex-interno do hospital psiquiátrico de Sainte-Anne, em Paris.

A experiência pessoal que relato — a tomada de consciência nacional argelina de um europeu da Argélia — nada tem de excepcional. Outros passaram por isso antes de mim. Contudo acredito que seria interessante mostrar como estudantes europeus sem passado militante, simplesmente professando ideias de esquerda no início, por fim escolheram ser argelinos nesta guerra. Decerto muito poucos levaram suas ideias até o fim e se juntaram à FLN. Mas não devemos atacá-los por isso. Sei por experiência própria quanto essa atitude radical pode ser dilacerante. Gostaria apenas de insistir neste fato muitas vezes negligenciado: durante a revolução, os europeus da Argélia se conscientizaram de seu pertencimento à nação argelina. Se não são a maioria, eles são, contudo, mais numerosos do que se acredita atualmente na Argélia ou no mundo. Eles não podem se expressar. É um pouco em nome deles que estou falando aqui.

Quando estourou, em 1º de novembro de 1954, a revolução argelina revelou brutalmente nossa ambiguidade. Tínhamos nos posicionado pelo direito do povo vietnamita, pelo direito do povo tunisiano. Posicionamentos gratuitos, aliás, pois a total ausência de vida política em nossa comunidade não deixava espaço para atitudes concretas. Quanto ao direito do povo argelino, não se tratava disso, e nós nos refugiávamos por trás da atitude confortável da negação mágica do problema. A segregação da vida política em dois colégios nos incitou a isso: para o segundo colégio, os problemas argelinos; para o primeiro colégio, os problemas franceses, e nós discutíamos e nos posicionávamos sobre a CED [Comunidade Europeia de Defesa], sobre o papel do Partido Comunista Francês no parlamento. Mesmo os problemas coloniais eram abordados segundo uma perspectiva francesa. Essa falta de curiosidade em relação aos problemas candentes de nosso país tem origem no racismo inconsciente que todos compartilhamos, inoculado por vinte anos de vida colonial. Sendo de esquerda, tínhamos certamente superado o racismo agressivo do colonialismo, mas não tínhamos nos livrado do paternalismo. Esse não foi um dos menores transtornos que nos fizeram sentir que ainda éramos racistas.

E, desde o começo, os colonialistas nos atacavam, exigiam brutalmente que escolhêssemos ser contra ou a favor dos *fellaga*,* ser a favor da França ou a favor da "anti-França". Mais uma vez nossa atitude foi, de início, mágica. Recusando-nos a tomar uma posição sobre o problema, nós nos precipitamos, refugiados nos protestos contra as brutalidades da repressão. Um comitê de estudantes para a defesa das liberdades havia sido constituído. Decidi participar. Foi nesse comitê que pude

---

* Combatente argelino na luta pela independência. (N. T.)

ter pela primeira vez discussões políticas com os argelinos. Até então, eu nunca tivera tais conversas, mesmo com meus melhores amigos muçulmanos. Um acordo tácito parecia ter sido firmado, nós admitíamos sentimentos nacionalistas entre nossos amigos muçulmanos, mas não falávamos nunca disso para não romper esses laços de amizade cuja fragilidade nós prevíamos. Nesse comitê de estudantes, as relações entre os muçulmanos e nós foram inicialmente bastante ambíguas. Eles queriam dar à ação do comitê uma dimensão política, e nós pretendíamos permanecer no nível humanitário. Após a votação de algumas vagas moções condenando a repressão, nos foi proposto um gesto concreto. Um estudante detido em Paris havia sido transferido para Tizi Uzu. Ele estava com a ficha limpa. Foi decidido então que uma delegação levaria a ele uma encomenda e entregaria uma carta de protesto ao procurador.

Eu me voluntariei: como os dois colégios eram obrigatórios, a delegação incluía três muçulmanos e três europeus: dois israelitas e eu. Durante a viagem, a conversa revelou vários pontos em comum entre nossos camaradas muçulmanos e nós: um amor comum pelo país, uma vontade idêntica de transformá-lo, de enriquecê-lo, o mesmo desejo de vê-lo livre de todo racismo, de todo colonialismo. Mas divergíamos em relação à "rebelião". De minha parte, eu a considerava compreensível, como um excesso tornado possível pelos excessos do colonialismo, mas recusava qualquer valor à violência. Meus camaradas muçulmanos não concordavam com esse ponto e discutimos longamente sobre o assunto. Eles aprovaram totalmente uma declaração de fé patriótica, poética e apaixonada que T., judeu, professou durante a refeição. Fiquei muito abalado com essa profissão de fé. Sem dúvida, foi o que eu precisava para me encorajar a refletir sobre o meu pertencimento à nação argelina. Eu ainda tinha muito racismo antiárabe inconsciente para ser convencido por um argelino muçulmano, foi necessário o discurso desse judeu argelino para me abalar. Em Tizi Uzu, mal pudemos ver o advogado de nosso camarada. Fomos na sequência interpelados pela polícia. Fomos interrogados separadamente. Em um momento, vimos sair dos gabinetes um camarada muçulmano muito pálido, apoiado por dois guardas. Primeiro, acreditamos que ele tinha sido maltratado, mas não foi nada disso. Ele simplesmente havia sido ameaçado com represálias contra sua família por causa de seu irmão na resistência procurado pela polícia. Ele se chamava Ben M'hidi. Seu irmão era Larbi Ben M'hidi, comandante da *wilaya* V,* membro do CCE [Comitê de Coordenação e de Execução], depois disso preso e assassinado pelas tropas francesas. Fui interrogado por último, o comissário tentou me dar um sermão: "Você é o único francês do bando". Eu o interrompi lembrando as declarações do governo: "A Argélia é a França, os argelinos são franceses". "Você é da França, com certeza!" "Não, eu nasci em Argel." "Ah! Você não conhece os verdadeiros árabes do campo." "Morei oito anos em Orléansville." "Ouça, você é jovem, você se deixou levar, mais tarde vai entender."

Fomos liberados apenas por volta das oito da noite, depois que nos fizeram passar pelos serviços antropométricos. Para protestar contra esse ataque às liberdades, nosso comitê estudantil organizou uma manifestação pública em uma pequena

---

* Divisão administrativa estabelecida pelo ALN. (N. T.)

sala. Trezentos estudantes, quase todos europeus, foram reunidos sob a presidência de dois professores da faculdade. Um texto foi votado condenando os excessos da repressão, exigindo o restabelecimento das liberdades democráticas. Alguns dias mais tarde, com H., eu representava nosso comitê em uma reunião que deveria preparar uma grande manifestação em protesto. Pela primeira vez, fui colocado em contato com responsáveis políticos muçulmanos. Eram conselheiros municipais do MTLD. Fiquei impressionado com a consciência e a moderação deles. Na primeira reunião, ocorreram discussões a propósito da data de 8 de maio, escolhida para a manifestação. Embora definida unicamente por razões práticas, alguns europeus do comitê de organização acreditavam que a escolha desse aniversário pareceria uma provocação proposital. Os eleitos do MTLD concordaram em mudar a data, mas H. protestou violentamente. Eles não pediram que a reunião fosse realizada em 8 de maio, mas, como alguns pareciam dar a esse aniversário certa importância, ele atribuía uma importância ainda maior: "O Oito de Maio é um dia de luto para nós, argelinos; manifestar o Oito de Maio é dizer aos colonialistas que não esquecemos, que não esqueceremos nunca". Essas declarações chocaram um pouco os europeus, houve certo mal-estar, os europeus uma vez mais se recusando a enfrentar a realidade política e querendo se limitar ao âmbito estrito da legalidade republicana. Por fim a manifestação foi proibida.

Depois, com o terceiro trimestre, veio a preparação para as provas, e a defesa das liberdades democráticas foi colocada em segundo plano. Continuei a manter discussões com meus amigos muçulmanos. Pouco a pouco eu compreendia o significado da luta armada, sua necessidade. Mas eu tinha dúvidas sobre o valor da ação armada em curso. Sem outra fonte de informação além da imprensa local, éramos submetidos diariamente à propaganda colonialista que nos apresentava os *"fellaga"* como extremistas, salteadores. Aceitávamos em parte essas declarações, mas é verdade que os horrores da repressão equilibravam perfeitamente os "horrores" dos resistentes. Entre ambos, procurávamos uma terceira força. Eu acreditava na época que isso era possível e que era necessário encontrar na Argélia uma opinião liberal, capaz de se juntar à opinião liberal francesa e impor uma solução fundada no reconhecimento do direito de autodeterminação de um povo. As discussões, cada vez menos frequentes, que eu tinha com meus familiares ou amigos próximos me desencorajavam. Sob a influência dos acontecimentos, o racismo havia se cristalizado e era impossível obter de meus interlocutores uma atitude de reflexão sem paixão, uma abordagem intelectual do problema. Uma litania de injúrias rapidamente deu lugar aos argumentos: "um traidor, imundo, pró-árabe, comunista, antifrancês" e, sobretudo, a injúria suprema, "mendesista". (Eu nunca tinha visto um homem tão odiado quanto Mendès France, exceto Soustelle, mendesista e notório judeu que traía a França querendo entregar a Argélia aos árabes.) Mas, sob essas declarações racistas, era fácil vislumbrar uma ansiedade profunda: o medo de ser expulso do país. "O que será de nós?" era uma frase que surgia muitas vezes quando os "acontecimentos" eram evocados. Enrijecidos pela ansiedade, eles eram incapazes de imaginar outra solução além da manutenção do statu quo. Poder permanecer na Argélia é, de fato, a preocupação maior dos franceses da Argélia. Partir para qualquer lugar, França, Canadá ou Brasil (como alguns consideravam), é, para nós, expatriação. Eu só conseguia acalmar meus interlocutores quando confessava que compartilhava de seus temores e que era justamente para permanecer na Argélia que eu era partidário da negociação. "Convenhamos de uma vez por todas", eu dizia, "a Argélia não é a França! Confessemos publicamente, já que todos pensamos assim. Vocês reconhecem que houve erros políticos e abusos sociais na Argélia. Reconheçamos e discutamos com os argelinos sobre o futuro status." Escutavam-me com a pena que se sente por alguém que perdeu o juízo. Acreditar que podemos nos dar bem com os árabes...

Discussão após discussão, leitura após leitura, eu começava a ver claramente. Lutar pela humanização da repressão não servia para nada! Era preciso lutar para impor uma solução política. Mas qual? Logo ficou claro para mim que, para fomentar pelo menos um embrião de revolução social na Argélia, era preciso romper os laços coloniais com a França. A Argélia é obrigada, para viver, a promover a revolução, e essa revolução passa pela independência. Assim, eu me unia ao ideal dos "*fellaga*"! O amor pelo país, a vontade apaixonada de lá viver, por um lado, e meu ideal revolucionário, ou mais simplesmente de esquerda, por outro, me conduziam rumo ao mesmo objetivo dos nacionalistas muçulmanos. Contudo eu estava muito ciente do caminho diferente que nos havia levado a essa mesma exigência. "Independência, sim... Mas que independência?", eu dizia. "Devemos lutar para ajudar na formação de um Estado muçulmano teocrático, xenófobo e feudal? Quem pode assegurar que teremos nosso lugar nessa Argélia?"

Estávamos em julho de 1955 e nunca até então eu tinha lido um único panfleto que proviesse... aliás, de quem? Falávamos da FLN, do MNA [Movimento Nacional Argelino]. Haviam liberado os dirigentes do antigo MTLD, detidos em novembro, convencidos de sua não participação na ação. Quem estava à frente da revolução? Além da independência, quais eram os objetivos dos revolucionários? Estado teocrático, reformista, democrático? T. me respondia que isso era certamente importante, mas que, em última instância, cabia ao povo argelino decidir por si mesmo; que era preciso estar com o povo, que esse era o único meio de transformar a revolução nacional em revolução social. Membro do Partido Comunista Argelino, T. lamentava que suas teses não tivessem sido aceitas pelo partido, que se refugiava, para seu grande pesar, em uma inércia condenável. Vi muitas vezes T. durante o verão de 1955, e rapidamente concordamos com uma ação a ser promovida no meio estudantil. No início do ano letivo, pareceu-nos importante cristalizar a opinião liberal dos estudantes e, por meio de um trabalho de informação, torná-la permeável à ideia de independência e à nossa integração na nação argelina. Foi nessa época que tomei conhecimento dos primeiros panfletos da Frente. Haviam me explicado anteriormente, a partir da cisão do MTLD, seu caráter democrático. Devo confessar que esses panfletos foram um alívio para mim: a futura Argélia democrática e social que eles anunciavam era uma causa pela qual podíamos lutar. Vieram então os acontecimentos de 20 de agosto em Philippeville. Dei grande importância a eles e os condenei veementemente, mas eles não me fizeram reconsiderar minha vontade de ajudar a revolução.

A dissolução do PCA, as restrições cada vez maiores das liberdades públicas, a irritação crescente dos europeus, a ascensão do fascismo que acompanhávamos entre nossos camaradas estudantes confirmaram nossa ideia. Era preciso criar uma força de esquerda sólida na faculdade, capaz de se opor vitoriosamente ao avanço fascista, criar um boletim informativo para conscientizar os estudantes europeus, primeiro, e uma parte da comunidade, em seguida. Por mais ambicioso que fosse, esse programa não era inútil. A importância assumida pelos estudantes fascistas nos dias 6 de fevereiro e 13 de maio mostra bem isso. Infelizmente, isso se revelará impraticável.

No âmbito dessa ação, foram estabelecidos contatos com as diferentes tendências dos estudantes. T. me perguntou se eu concordava em encontrar estudantes nacionalistas de "tendência FLN". Aceitei, evidentemente, e um dia nos reunimos no hospital de El Kettar com um estudante de medicina, L. Khene.[1] O contato foi muito cordial. Khene estava cético quanto aos resultados, mas aceitou participar dos primeiros encontros. Em seguida, fiz contato com estudantes agrupados sob o cômodo rótulo de "progressistas e mandouzistas". C., um dos mais visados, mal escondia seu ceticismo e recusava participar sob diversos pretextos. Logo ficou claro para T. e para mim que C. tinha outras coisas para fazer além de brincar com estudantes.

Depois de duas ou três reuniões, nada saiu de nosso grupo exceto algumas moções que não chegávamos nem a fazer circular ou a publicar nos jornais. A esperança de criar um boletim e difundir nossas ideias entre os estudantes se desfez. Foi então decidido que tornaríamos a converter nossa ação.

Foi criado um grupo de estudos que deveria trabalhar certas questões de ordem econômica: querendo ser argelinos, pareceu evidente a todos que nosso dever era ou ir para a resistência, ou nos prepararmos seriamente para sermos os futuros quadros do país... Nossas qualidades de combatentes sendo mais do que duvidosas, e como não éramos heróis, a sabedoria prevaleceu sem dificuldade. Mas estávamos prontos para ajudar a Frente se isso nos fosse pedido.

Contudo a atmosfera em Argel se tornava mais pesada. A independência do Marrocos e a dissolução da Assembleia Nacional deram origem a uma agitação que cresceu até 6 de fevereiro. Estávamos cada vez mais marcados e acontecia às vezes de sermos insultados na rua por pessoas que não conhecíamos. Em contrapartida, estudantes "liberais" vinham cada vez mais nos pedir explicações, informar-se sobre a revolução, preocupando-se com o futuro do país e pedindo para fazer contato com estudantes muçulmanos. Mantínhamos com eles e com a Ugema [União Geral dos Estudantes Muçulmanos Argelinos] relações sem desconfiança ou ambiguidade. Eles nos consideravam argelinos. Ações comuns, mesmo que mínimas, como mimeografar e distribuir juntos os panfletos da Ugema ou garantir o serviço de segurança durante as conferências, faziam com que fôssemos mais facilmente aceitos. Mas o muro de desconfiança por vezes demorava a desaparecer.

Por ocasião das eleições na Assembleia Geral dos Estudantes, nosso pequeno grupo levantou em quase todas as faculdades listas ditas liberais para enfrentar as listas fascistas. Ajudados pelo racismo desajeitado da propaganda de nossos adversários e graças a um trabalho efetivo junto de outra minoria, os judeus, uma eficaz onda de antirracismo foi criada. Pela primeira vez em sua história, a Assembleia Geral eleita foi uma assembleia de esquerda disposta a seguir as recomendações da Unef [União Nacional dos Estudantes da França] contra as torturas e as violações da legalidade. Isso foi rapidamente sentido quando três estudantes foram detidos. Redigimos com Ben Yahia e Ben Batouche uma moção exigindo o respeito do tempo de detenção legal nas instalações da polícia e alertando contra todo abuso físico.[2] Essa moção, aprovada por unanimidade, provocou alguma agitação entre os estudantes. Mas os resultados das eleições na Assembleia Nacional francesa logo vieram ao primeiro plano em nossas preocupações. Quão próximo o fim nos parecia então! O triunfo da esquerda na França justificava todas as esperanças. Cada vez mais, víamos vir até nós estudantes ansiosos. "O que será de nós, já que as negociações serão iniciadas e a Argélia talvez conquiste sua independência? Poderemos permanecer lá ainda?" Tivemos então a ideia de organizar reuniões entre estudantes muçulmanos e estudantes europeus. Duas ou três ocorreram, nas quais todos falaram livremente. As preocupações dos europeus eram expressas sobretudo de forma agressiva: respeito pelos direitos da minoria, respeito pela cultura, pela religião. Os muçulmanos responderam a todos os pontos. E, como em um psicodrama, a agressividade desaparecia com a ansiedade. Pude notar que esse relaxamento se produzia quando os muçulmanos afirmavam: "Vocês também são argelinos como nós, mas se quiserem deixar o país, são livres para fazê-lo". E os europeus respondiam sempre: "Não queremos partir e não queremos ser estrangeiros neste país". Sobre tais bases, discussões fecundas poderiam ser iniciadas.

Contudo, o Seis de Fevereiro estava sendo preparado. A atmosfera tornava-se nervosa, tensa, enervante. Cartas de ameaças e telefonemas ultrajantes chegavam até nós. Os fascistas agiram primeiro contra o deputado Hernu. Depois foi a vez de Camus. Tínhamos ido à sua conferência para ouvir um de nossos mais velhos e, caso necessário, protegê-lo dos fascistas. Nesse ponto, não tivemos de intervir. Camus falou em um local onde os espectadores eram cuidadosamente selecionados e cujos arredores eram vigiados por CRS [Companhias Republicanas de Segurança] com capacete e armados. Esperávamos de Camus um posicionamento sobre o problema argelino. Fomos presenteados com o discurso de uma freira. Ele nos explicou por longo tempo que era preciso proteger a população civil inocente, mas se opôs formalmente a que fosse feita uma coleta de fundos em favor das famílias inocentes dos presos políticos. Na sala, ficamos arrasados. Do lado de fora, a multidão de fascistas ritmava: "Argélia francesa", e urrava: "Camus para a forca!".

Mas essas manifestações pareciam o último suspiro da besta colonialista. Mesmo a manifestação monstruosa por ocasião da partida de Soustelle, mesmo os apelos históricos do professor Bousquet e suas repercussões entre os estudantes não nos comoviam. Tínhamos uma imensa esperança no novo governo francês empossado por toda a Assembleia Nacional para a reconciliação. Nem por um momento duvidávamos que esse governo subjugaria o fascismo de Argel. Era certo que Guy Mollet e sua maioria de esquerda fariam com maior facilidade em Argel aquilo que E. Faure e sua maioria de centro haviam feito no Marrocos. Quando digo "nós", não estou falando apenas dos europeus. Reflito também sobre os muçulmanos que pensavam, como nós, que o fim estava próximo, e que nos pediam para trabalhar juntos na paz iminente, assim como tínhamos feito na guerra.

E aconteceu o Seis de Fevereiro. Por dois dias, toda a cidade esteve tomada por uma verdadeira superexcitação. Cortejos desfilavam constantemente carregando a bandeira tricolor, cantando a *Marselhesa*, gritando: "Argélia francesa!". Carros passavam seguidas vezes lançando panfletos, buzinando sem parar. Foi nessa atmosfera que Guy Mollet foi recebido. Não assisti à cena do monumento aos mortos, mas meus camaradas me contaram sobre isso. Nem por um momento chegamos a pensar que essa recepção poderia fazer com que Guy Mollet tomasse decisões tão graves. Pensávamos, pelo contrário, que, irritado pelos europeus da Argélia, ele teria menos escrúpulos, menos peso na consciência ao lhes impor essa solução negociada pela qual todos esperávamos. Então, ficamos estupefatos ao saber, no final da tarde, da renúncia do general Catroux. Foi Ben Batouche quem nos deu a notícia. Ele estava transtornado. Ao meu lado, vi Khene empalidecer e cerrar o punho de raiva. Ao nosso redor, as pessoas se abraçavam em meio a muitas gargalhadas, cantavam a *Marselhesa*. A cidade de repente parecia uma grande quermesse. Fiquei enojado com tanta estupidez. Ao nos despedirmos, um de nós disse: "Agora a palavra está apenas com a FLN". Logo ficou evidente para todos nós que a França relutava em controlar a minoria fascista da Argélia, cabia agora à FLN fazê-lo. A partir de 6 de fevereiro não podíamos mais voltar nossos olhos para a França. Não era dela que viria a salvação. A extraordinária apatia do povo francês verificada durante uma viagem a Paris me confirmou isso.

Sob o avanço fascista-lacostiano, nosso grupo se volatilizou. E então o que fazer? A escolha era apenas entre Lacoste e a Frente. Uma terceira força não tinha sentido a não ser que fosse apoiada pela esquerda francesa. Uma vez que a esquerda francesa jogava o jogo do fascismo de Argel, qualquer tentativa liberal em Argel era um mito fadado ao fracasso. Nenhum de nós se enganou. Assim, o movimento posterior dito dos liberais foi em grande parte constituído por funcionários públicos metropolitanos em exercício na Argélia.

Nossos camaradas muçulmanos deveriam logo se juntar à resistência, os comunistas passavam para a clandestinidade com o caso Maillot. Outros prestaram alguns serviços no local: caixa de correio, hospedagem etc. Deixei Argel e fui para o hospital psiquiátrico de Blida, que tinha a reputação de ser um ninho de *fellaga*. Interno de um médico conhecido por suas posições anticolonialistas, fui rapidamente rotulado, rejeitado por uns e adotado por outros. Fiquei por oito meses em Blida me ocupando exclusivamente de meu trabalho como interno. Minha solidariedade com a revolução se limitava a fazer circular panfletos, a distribuir exemplares do *El Moudjahid* que eu tinha em minha posse. Eu aceitara um emprego como médico, mas a oportunidade de me engajar mais não se apresentara antes. No final de dezembro de 1956, deixei Blida e fui para Paris. Um conjunto de argumentos explicava essa partida ou essa fuga disfarçada. Além dos motivos familiares, eu tinha sobretudo a necessidade de recuar. Não trabalhando para a Frente, eu me dei conta de minha inutilidade. Além disso, o nascimento do terrorismo urbano colocou de novo problemas de consciência com os quais, na atmosfera superaquecida da Argélia, eu não conseguia lidar de cabeça fria. Por fim, o temor (infundado) de minha esposa de me ver detido (embora prisões arbitrárias fossem moeda corrente) foi sem dúvida o argumento decisivo.

Na França, acreditei que encontraria descanso. A única coisa que encontrei foi um peso na consciência. Todo dia o jornal me informava sobre prisões, expulsões de amigos meus. Cada notícia me oprimia. Eu me sentia ainda mais inútil. Eu tentava lutar, provocar no meu entorno reações de protesto, tentava conscientizá-los. Uma perda de tempo. Os parisienses só se preocupavam em passear, em ir ao teatro, em planejar suas férias com três meses de antecedência. Comecei a detestá-los, a desprezar em bloco todos esses franceses que enviavam seus filhos para torturar na Argélia e que só se preocupavam com sua lojinha. Rejeitei todo pertencimento à nação francesa. Decididamente, meu povo não era esse povo burguês sem ideal, era o povo que sofria e morria todos os dias nos *djebels* e nas câmaras de tortura.

É claro que essas reações excessivas do começo se atenuaram. Estabeleci sólidas amizades com camaradas internos democratas que sofriam muito com essa guerra colonial travada por seu país. Mas eu só me sentia à vontade com argelinos emigrados.

Essa estadia na França acabou sendo muito proveitosa para mim. Ela me confirmou o que eu já suspeitava: que eu não era francês, que eu jamais tinha sido francês. Língua e cultura não bastam para pertencer a um povo. É preciso outra coisa: uma vida comum, experiências e lembranças comuns, objetivos comuns. Sentia falta de tudo isso na França. Minha estadia no país me mostrou meu pertencimento a uma comunidade argelina, me mostrou estrangeiro na França.

Quando minha licença foi revogada, em maio de 1958, não tive muito tempo para hesitar. Há muito tempo eu havia decidido ingressar na FLN.

Agora faz um ano que eu me juntei à revolução argelina. Lembrando-me dos contatos difíceis e ambíguos do início da revolução, tive medo de ser afastado. Isso não aconteceu. Fui acolhido como qualquer argelino. Para os argelinos, eu não sou mais um aliado, eu sou um irmão, um simples irmão, como os outros.

Testemunho de Yvon Bresson
Anexo ao capítulo 5

Meu nome é Yvon Bresson. Depois de ter passado toda a minha juventude na Argélia, em Bona, me mudei para a França, em julho de 1948, para lá continuar meus estudos.

Em 1952, após o serviço militar, prestei em Paris um concurso para entrar nos quadros da polícia argelina.

Fui admitido e recebi minha designação para a Segurança Pública de Saint Arnaud, grande povoado dos planaltos de Constantina, a uns trinta quilômetros de Sétif.

Em 6 de maio de 1953, assumi meu posto de oficial de polícia. Eu tinha então 24 anos.

É preciso lembrar que Saint Arnaud está localizada no centro da região de Sétif, onde, em 1945, foram massacrados em três dias mais de 40 mil argelinos. Os europeus cuja proteção eu estava encarregado de garantir eram os mesmos que, dez anos antes, haviam participado da *caça aos árabes*. Ainda em 1953, esses homens evocavam suas proezas e comparavam suas respectivas caças. Em Saint Arnaud, tive poucas relações privadas com esses europeus. Por outro lado, fiz amizade com argelinos e até com alguns nacionalistas conhecidos. Obviamente meus superiores, os comissários Gavini Antoine e Lambert Marius, me repreenderam. Sempre que surgia a oportunidade, não faltavam os civis europeus mais civilizados para me lembrar da regra: subjugar os árabes.

Em 1º de novembro de 1954, a revolução começou.

Muito rapidamente, percebi que pertencia ao campo daqueles que lutavam por uma nação argelina. As inúmeras torturas que eu teria a oportunidade de ver no exercício de minhas funções reforçariam meu ódio ao colonialismo: argelinos esquartejados por dois caminhões militares indo em direções opostas, torturas clássicas com água, eletricidade, pessoas penduradas pelo polegar, pelos testículos...

Além disso, um dia minha esposa, que, como por várias semanas, havia ficado a noite toda acordada pelos gritos dos torturados (morávamos em cima de uma das câmaras de tortura em Saint Arnaud), não aguentou mais e foi até os soldados e o CRS responsável por essas práticas protestar violentamente. Ela voltou para casa escoltada, com duas metralhadoras apontadas contra as costas. Foi durante esse período que fui contactado por um membro da célula local da FLN. Era a ele que eu forneceria as várias informações que podiam ajudar a guerra nacional de libertação.

Assim, eu informava às pessoas a hora e o local das batidas, os argelinos rastreados, os cafés suspeitos. Comunicava na íntegra o relatório secreto enviado pelo comissário Gavini ao vice-prefeito de Sétif a respeito do encarceramento, o mais rápido possível, de Lamine Debaghine, atual ministro das Relações Exteriores do Governo Provisório da República da Argélia.

Algumas vezes, indicava os agentes de inteligência argelinos usados pela polícia colonialista. Esses agentes são evidentemente muito perigosos, porque chegam a saber de muitos segredos.

Em maio de 1956, Hamou Abdallah, um veterano que gerenciava um café mouro e um dos agentes secretos mais ativos, foi executado às onze horas na rue Saint Augustin. Alguns meses depois, outro espião, Aktouf Mustapha, também foi gravemente ferido.

Em junho de 1956, o comissário Gavini, exausto após vários meses de sessões de tortura, saiu de licença. Eu era então encarregado da delegacia de polícia. Nos arquivos, tomei posse de uma lista dos nomes de argelinos suspeitos cuja execução era aconselhada o mais rapidamente possível. Essa lista era obra do meu colega Sphonix Jean e do segundo-tenente Varini Camille. Peguei uma cópia e imediatamente comuniquei ao gerente local. Pouco depois, fui preso. Antes disso, ainda consegui comunicar ao responsável o estado do armamento de certos postos e as reservas de munição. O comissário político da zona sul (as zonas norte e sul são delimitadas pela estrada nacional nº 5, que divide em dois o povoado) decidiria, com base nessas informações, sitiar várias fazendas e aniquilar os centros de apoio do Exército francês.

Antes de minha prisão, graças ao assassinato pelos milicianos de Ben Mihoud Saïd em 26 de setembro de 1956, uma rajada de metralhadora foi disparada contra mim. Eu não fui atingido.[3]

As execuções sumárias se multiplicaram sob a direção do comandante Puech. Assim, para dar um exemplo, cinquenta argelinos foram executados e enterrados em um terreno pertencente ao prefeito de Saint Arnaud.

Em 18 de novembro de 1956, fui preso por ordem do general Dufour e apresentado ao tribunal militar, que me condenou a cinco anos de prisão em liberdade condicional.

Foi como argelino que fiz todas essas coisas. Não tenho a impressão de ter traído a França. Sou argelino e, como qualquer argelino, lutei e continuo lutando contra o colonialismo. Como cidadão argelino consciente, meu lugar era ao lado dos patriotas. Foi o que eu fiz.

O porquê de usarmos a violência

Discurso pronunciado na Conferência de Acra, abril de 1960

Acredito que todas as preocupações que habitam a África hoje foram abordadas com maestria e lucidez no discurso do dr. Nkrumah.

Gostaria de compartilhar as reflexões suscitadas por algumas passagens. O problema da violência e do racismo nos Estados africanos são questões que hoje eu gostaria de discutir fraternalmente diante de vocês.

Não quero, como podem pensar, proceder a uma crítica do sistema colonial. Não quero, eu que sou um colonizado, falando a outros colonizados, demonstrar que o Estado colonial é um Estado anormal, desumano e condenável. Seria grotesco de minha parte querer convencê-los do caráter inaceitável da opressão colonial. Todavia gostaria de centrar minhas reflexões na violência consubstancial à opressão colonial.

Um regime fundado sobre a violência

O regime colonial é um regime instaurado pela violência. É sempre pela força que o regime colonial é implantado. É contra a vontade dos povos que outros povos mais avançados nas técnicas de destruição, ou numericamente mais poderosos, se impõem.

Digo que tal sistema estabelecido pela violência só pode logicamente ser fiel a si mesmo, e sua duração no tempo se dá em função da manutenção da violência.

Mas a violência em questão aqui não é uma violência abstrata, não é apenas uma violência decifrada pelo espírito, é também uma violência do comportamento cotidiano do colonizador em relação ao colonizado: apartheid na África do Sul, trabalho forçado em Angola, racismo na Argélia. Desprezo, política do ódio, tais são as manifestações de uma violência muito concreta e muito dolorosa.

O colonialismo, contudo, não se contenta com essa violência contra o presente. O povo colonizado é ideologicamente apresentado como um povo parado em sua evolução, impermeável à razão, incapaz de dirigir suas próprias questões, exigindo a presença permanente de uma liderança. A história dos povos colonizados é transformada em agitação sem nenhum sentido e, como resultado, tem-se a impressão de que, para esses povos, a humanidade começou com a chegada desses bravos colonos.

Violência no comportamento cotidiano, violência contra o passado esvaziado de toda a substância, violência em relação ao futuro, porque o regime colonial apresenta-se como se tivesse de ser eterno. Podemos ver, portanto, que os povos colonizados, apanhados na rede de uma violência tridimensional, ponto de encontro de violências múltiplas, diversas, reiteradas e cumulativas, rapidamente colocam o problema do fim do regime colonial por qualquer meio.

Essa violência do regime colonial não é vivida somente no plano da alma, mas também no dos músculos, do sangue. Essa violência, que se pretende violenta, que se torna cada vez mais desmedida, provoca irremediavelmente o nascimento de uma violência interior no povo colonizado, e nasce uma cólera justa que procura se expressar.

O papel do partido político que toma o destino desse povo em suas mãos é conter essa violência e canalizá-la, lhe fornecendo uma plataforma pacífica e um terreno construtivo porque, para o espírito humano que contempla o desenrolar da história e tenta permanecer no terreno do universal, a violência deve primeiro ser combatida pela linguagem da verdade e da razão.

Mas acontece, infelizmente — e não pode haver homens que não deplorem essa necessidade histórica —, acontece, eu digo, que, em certas regiões escravizadas, a violência do colonizado simplesmente se torna uma manifestação de sua existência propriamente animal. Digo animal e falo como biólogo, porque tais reações são, afinal, apenas reações defensivas que traduzem um instinto completamente banal de autopreservação.

E a conquista da revolução argelina é precisamente que ela culminou de forma grandiosa e provocou uma transformação do instinto de autopreservação em valor e verdade. Para o povo argelino, a única solução era esse combate heroico no seio do qual deveria cristalizar sua consciência nacional e aprofundar sua qualidade de povo africano.

E ninguém poderá negar que todo esse sangue derramado na Argélia acabará servindo de fermento para a grande nação africana.

Em algumas colônias, a violência do colonizado é o último gesto feito pelo homem cercado, o que significa que ele está pronto para defender sua vida. Há colônias que lutam pela liberdade, pela independência, pelo direito à felicidade. Em 1954, o povo argelino pegou em armas porque a prisão colonialista se tornava tão opressiva que já não era suportável, porque a caça aos argelinos, nas ruas e no campo, estava definitivamente aberta e porque, por fim, para o povo já não se tratava mais de dar sentido à sua vida, mas à sua morte.

O racismo na Argélia e nas colônias britânicas

[...] O milhão de europeus que se encontra na Argélia coloca problemas específicos. Os colonialistas na Argélia têm medo da nação argelina. Medo físico, medo moral. E esse duplo medo se traduz em uma agressividade e em comportamentos fortemente homicidas. Na raiz desse comportamento, encontramos: primeiro, um complexo de culpabilidade muito forte: "Se os argelinos um dia governassem a Argélia, certamente fariam o que nós, os colonos, fizemos, e nos fariam pagar por nossos crimes", dizem eles; segundo, há também certa concepção maniqueísta da humanidade que estaria sempre dividida entre opressores e oprimidos.

[...] Nós, africanos, não somos racistas, e o honorável dr. Nkrumah tem razão quando diz: "O conceito de África para os africanos não significa que outras raças lhe sejam excluídas. Significa apenas que os africanos, que são naturalmente a maioria na África, terão que se governar em seus próprios países. Lutamos pelo futuro da humanidade, e essa é uma luta das mais importantes".

O colono na Argélia diz que a Argélia lhe pertence. Nós, argelinos, dizemos: "Muito bem, a Argélia pertence a todos nós, vamos construí-la sobre bases democráticas e juntos vamos edificar uma Argélia que esteja à altura de nossa ambição e nosso amor".

Os colonos nos respondem então que não querem uma Argélia diferente. Que o que eles querem é uma Argélia que perpetue o estado atual. Na realidade, o colono francês não vive na Argélia, ele reina na Argélia, e cada tentativa de mudar o status colonial provoca reações altamente assassinas do colono. Há catorze dias, os nossos irmãos da África do Sul demonstraram a sua hostilidade às leis promulgadas pelo governo racista da União. Duzentas mortes foram contabilizadas. Lamentamos a perda de nossos irmãos da África do Sul, criticamos o governo sul-africano, condenamos o governo sul-africano e afirmamos que essa pressão moral internacional é um ativo capital na luta pela liberdade africana.

Os massacres

Mas em 8 de maio de 1945, há quase quinze anos, o povo argelino marchava nas principais cidades da Argélia para exigir a libertação de alguns presos políticos e a aplicação dos direitos humanos no território nacional. No final do dia, 45 mil mortos argelinos foram enterrados. Esse número, que revolta a consciência, é reconhecido pelo governo da República Francesa. Até o momento, nenhum francês foi levado ao tribunal para responder por uma única dessas 45 mil mortes.

O que estamos dizendo é que devemos cerrar nossas fileiras. É que nossa voz deve ser poderosa não apenas pelo tom, mas também pelas medidas concretas que poderiam ser tomadas contra este ou aquele estado colonial.

Camaradas africanos, que nunca amanheça o dia em que se possa novamente ver em 24 horas 45 mil cidadãos africanos varridos pela barbárie colonialista!

Devemos realmente fazer com que os colonos brancos e as nações que os apoiam hesitem. Em Angola, onde 200 mil portugueses reinam pelo terror. Na Rodésia, onde a face monstruosa do racismo se mostra com uma violência inigualável. No Quênia, onde nosso bravo irmão Jomo Kenyatta está definhando na prisão e onde os colonos têm a certeza de que travam uma última e vitoriosa batalha.

O colono encontrado na Argélia, em Angola, no Quênia, na Rodésia e na União Sul-Africana é obstinadamente hostil a todo ataque à sua supremacia.

Não dizemos ao colono: "Você é um estrangeiro, vá embora". Não dizemos a ele: "Vamos tomar o controle do país e fazer você pagar por seus crimes e pelos de seus ancestrais". Não dizemos a ele que ao ódio passado contra o negro oporemos o ódio presente e futuro contra o branco. Dizemos a ele: "Somos argelinos, vamos banir de nossa terra todo racismo, todas as formas de opressão e trabalhar para o homem, para o desenvolvimento do homem e para o enriquecimento da humanidade".

O colono nos responde, e o governo francês o apoia: "A Argélia é francesa". Em Angola: a Angola é portuguesa. Na União Sul-Africana: a União Sul-Africana é um Estado branco.

À declaração do primeiro-ministro argelino, Ferhat Abbas, que apelava solenemente aos europeus da Argélia enquanto cidadãos argelinos — declaração cujo pensamento elevado e os termos comoventes impressionaram os países ocidentais mais pró-franceses —, o general De Gaulle respondeu, sob pressão dos colonos e do Exército, que qualquer ideia de uma nação argelina deveria ser destruída. Em vez de reconhecer a soberania nacional argelina, o governo francês preferiu mudar seis vezes de governo e uma vez de república.

E a Quinta República erguida pelo general De Gaulle atravessa, apesar das bombas atômicas lançadas no Saara argelino, tempos cada vez mais difíceis após o prolongamento da Guerra da Argélia.

Em nossos hospitais militares das células de resistência, os feridos argelinos feitos prisioneiros pelos franceses são muitas vezes abatidos covarde e selvagemente em sua cama. Tratamos argelinos torturados. Tratamos mulheres argelinas que enlouqueceram após estupros e torturas. E enterramos às dezenas argelinos baleados pelas costas. E o bravo povo iugoslavo acolhe em ritmo acelerado argelinos amputados, desmembrados e cegos, e eu digo que se aquele que assiste a tais coisas não é tragado pela cólera é porque lhe falta uma dimensão.

Além disso, é preciso ressaltar que, antes de mais nada, essa cólera e essa imensa repulsa pelas atrocidades francesas guiaram para nossas fileiras a maior parte dos europeus da Argélia hoje membros da FLN. Às vezes são os próprios filhos dos policiais que passam as noites atormentados pelos gritos dos torturados. E agora vocês entendem por que cristãos, padres também militam no seio da FLN, e por que hoje existem europeus da Argélia, descendentes de colonos, que morrem sob as balas francesas, nas fileiras do valente Exército de Libertação Nacional argelino.

A única solução

Não, a violência do povo argelino não é um ódio à paz, nem uma rejeição do contato humano, nem a convicção de que só a guerra pode pôr fim ao regime colonial na Argélia.

O povo argelino escolheu a única solução que lhe restava e nós defenderemos essa escolha.

O general De Gaulle disse: "É preciso partir o povo argelino". Respondemos: "Vamos negociar, encontrar uma solução que seja compatível com a história contemporânea. Mas saiba que, se você quiser partir o povo argelino, terá que aceitar ver seus exércitos se partirem contra a muralha dos gloriosos soldados argelinos". Tantos africanos morreram defendendo a soberania dos Estados europeus que vale a pena hoje que africanos aceitem morrer pela liberdade da África. E a minha presença aqui em Gana como representante oficial do GPRA, com a bandeira argelina hasteada sobre Acra, prova que o governo e o povo de Gana apoiam o povo argelino, firmam uma esperança incondicional na sua vitória e carregam uma estima fraterna e calorosa pelos gloriosos soldados do Exército argelino.

A minha presença aqui testemunha que a Argélia está entre vocês, que vocês fazem seus os sofrimentos e as esperanças argelinos, e que, de maneira muito precisa, um grande passo foi dado no caminho para a unidade e a grandeza africanas.

Frantz Fanon
Acra, abril de 1960

Notas

O bumerangue fanoniano

1. Para esta apresentação, inspiro-me nas perguntas formuladas por Deivison Faustino no título de sua tese de doutorado, *Por que Fanon? Por que agora?: Frantz Fanon e os fanonismos no Brasil*. São Carlos: PPGS-UFSCar, 2015, 260 pp. Tese. Doutorado em Sociologia.
2. Robert Bernasconi, "Eliminating the Cycle of Violence: The Place of a Dying Colonialism within Fanon's Revolutionary Thought". *Philosophia Africana*, v. 4, n. 2, 2001.
3. Para aspectos biográficos de Frantz Fanon, ver: Alice Cherki, *Frantz Fanon: Um retrato*. São Paulo: Perspectiva, 2022; Adam Shatz, *A clínica rebelde: Uma biografia de Frantz Fanon*. São Paulo: Todavia, 2024.
4. Karen Elliott House, "The Middle East Is Up for Grabs". *The Wall Street Journal*, 15 dez. 2024. Disponível em: <https://www.wsj.com/opinion/the-middle-east-is-up-for-grabs-syria-collapse-iran-nuclear-race-israel-suadi-arabia-be43258f>. Acesso em: 23 jan. 2025.
5. O capítulo 1 de *O ano V da revolução argelina*, "A Argélia retira o seu véu", é um dos mais controversos e criticados da obra fanoniana, especialmente pela perspectiva masculinista e de gênero empregada na abordagem a partir do uso do véu na Argélia. Para uma compreensão e um balanço dessas críticas, ver: Rathika Vasavithasan, *Feminism(s), Nationalism(s) and Frantz Fanon*. Toronto: Department of Theory and Policy Studies in Education, University of Toronto, 2004. Dissertação de mestrado; Yolande M. S. Tomlinson, *To Fanon, With Love. Women Writers of the African Diaspora Interrupting Violence, Masculinity, and Nation-Formation*. Atlanta: Graduate Institute of the Liberal Arts, Emory University, 2010. Tese de doutorado; D. T. Sharpley-Whiting, *Frantz Fanon: Conflicts and Feminisms*. Washington: Rowman & Littlefield Publishers, 1997; Madhu Dubey, "The 'True Lie' of the Nation: Fanon and Feminism". *Differences: A Journal of Feminist Cultural Studies*, v. 10, n. 2, pp. 1-3, 1998.

6. Thula Pires, "Racializando o debate sobre direitos humanos". *Sur — Revista Internacional de Direitos Humanos*, v. 15, n. 28, pp. 65-75, 2018.

O ano V da revolução argelina

1. Não mencionamos aqui os meios rurais, onde a mulher frequentemente não usa o véu. Também não se leva em conta a mulher cabila que, fora das grandes cidades, não usa nunca o véu. Para o turista que raramente se aventura nas montanhas, a mulher árabe é, primeiro, aquela que usa o véu. Essa especificidade da mulher cabila constitui, entre outras coisas, um dos temas da propaganda colonialista em torno da oposição de árabes a berberes. Dedicados à análise das mudanças psicológicas, esses estudos deixam de lado o trabalho propriamente histórico. Abordaremos em breve esse outro aspecto da realidade argelina em ação. Contentemo-nos aqui em ressaltar que as mulheres cabilas, durante os 130 anos de dominação, desenvolveram outros mecanismos de defesa contra o ocupante. Durante a guerra de libertação, suas formas de ação também assumiram aspectos absolutamente originais.

2. Um fenômeno merece ser lembrado. Durante a luta de libertação do povo marroquino, principalmente nas cidades, o véu branco deu lugar ao véu preto. Essa importante mudança pode ser explicada pela preocupação das mulheres marroquinas em expressar a sua estima à Sua Majestade Mohammed v. Com efeito, recordamos que foi imediatamente após o exílio do rei do Marrocos que o véu preto, sinal de luto, entrou em cena. No nível dos sistemas de significação, é interessante notar que o preto, na sociedade marroquina ou árabe, nunca expressou luto ou tristeza. Como conduta de combate, a adoção do preto corresponde ao desejo de pressionar simbolicamente o ocupante, logo de escolher logicamente seus próprios signos.

3. Ver anexo "As mulheres na revolução".

4. O trabalho de abordagem também é realizado nos estabelecimentos escolares. Muito rapidamente os professores, a quem os pais confiaram seus filhos, passam a ter um julgamento severo sobre o destino da mulher na sociedade argelina. "Esperamos firmemente que os senhores, pelo menos, sejam fortes o suficiente para impor seu ponto de vista…" As escolas para "jovens muçulmanas" se multiplicam. As

professoras ou as religiosas, à medida que suas alunas se aproximam da puberdade, realizam uma atividade verdadeiramente excepcional. As mães são as primeiras a serem afetadas, cercadas e encarregadas da missão de abalar e convencer o pai. Elogiam a prodigiosa inteligência e a maturidade da jovem estudante, evocam o brilhante futuro reservado a essas jovens vorazes e não hesitam em apontar o caráter criminoso de uma eventual interrupção da escolaridade da criança. Concordam em compartilhar os vícios da sociedade colonizada e oferecem o internato à jovem estudante, a fim de permitir que os pais escapem das críticas dos "vizinhos tacanhos". Para o especialista em assuntos indígenas, os veteranos e as pessoas avançadas são as tropas de comando encarregadas de destruir a resistência cultural de um país colonizado. Igualmente, as regiões são repertoriadas em função do número de "unidades ativas" de evolução, portanto, de erosão da cultura nacional que elas contêm.

5. É preciso ressaltar a atitude frequente, principalmente das europeias, em relação a uma particular categoria de mulheres avançadas. Algumas mulheres argelinas sem o véu, com uma rapidez impressionante e uma facilidade insuspeitada, se passam perfeitamente por ocidentais. As mulheres europeias sentem certa inquietação diante dessas mulheres. Frustradas com o véu, elas experimentam uma impressão análoga diante do rosto descoberto, esse corpo audacioso, sem acanhamentos, sem hesitação, diretamente ofensivo. A satisfação em dirigir a evolução, em corrigir os erros daquela sem o véu, é não somente retirada da europeia, mas ela se sente ameaçada em termos de coquetismo, de elegância, até mesmo de competição com essa... novata transformada em profissional, iniciada transformada em propagandista; a mulher argelina coloca a europeia em questão. Esta última não tem outro recurso senão juntar-se ao argelino que rejeitara ferozmente aquelas sem véu para o campo do mal e da depravação. "Decididamente, essas mulheres sem véu são assim mesmo, amorais e desavergonhadas", dirão as europeias. A integração, para ser bem-sucedida, parece não ser mais que um paternalismo continuado, aceito.

6. Mencionamos aqui as únicas realidades conhecidas pelo inimigo. Não falamos, portanto, sobre as novas formas de ação adotadas pelas mulheres na revolução. Com efeito, desde 1958, as torturas infligidas aos militantes permitiram ao ocupante ter uma ideia da estratégia

das mulheres. Hoje, novas adaptações surgiram. Compreendemos, portanto, que sejam mantidas em silêncio.
7. Amédée Froger, um dos chefes das fileiras colonialistas. Executado por um fedayin no final de 1956.
8. A mulher, que antes da revolução nunca saía de casa sem a companhia da mãe ou do marido, vai se ver encarregada de missões específicas, como ir de Orã a Constantina ou Argel. Durante vários dias, sozinha, carregando diretrizes de uma importância capital para a revolução, ela toma o trem, dorme na casa de uma família desconhecida, na casa de militantes. Também nesse caso ela precisa se deslocar harmoniosamente, pois o inimigo observa as falhas. Mas a importância aqui é que o marido não imponha nenhuma dificuldade em deixar que sua mulher parta em missão. Seu orgulho, ao contrário, será dizer, no retorno da agente de ligação: "Veja, tudo correu bem na sua ausência". O velho ciúme do argelino, sua desconfiança "congênita", se desfez no contato com a revolução. É preciso ressaltar também que militantes procurados se refugiam com outros militantes ainda não identificados pelo ocupante. Nessas condições, durante toda a jornada é a mulher que, sozinha com o refugiado, lhe fornece alimento, jornais, correspondências. Em nenhum momento, neste também não, aparece qualquer desconfiança ou temor. Engajado na luta, o marido ou o pai descobre novas perspectivas sobre as relações entre os sexos. O militante descobre a militante e juntos criam novas dimensões para a sociedade argelina.
9. Procedemos aqui a uma descrição das atitudes. Por outro lado, há todo um trabalho a ser feito sobre o papel da mulher na revolução. A mulher na cidade, no *djebel*, nas administrações inimigas, a prostituta e as informações que obtém, a mulher na prisão, sob tortura, diante da morte, diante dos tribunais. Todas essas rubricas devem revelar, após escrutínio, um número incalculável de fatos essenciais para a história da luta nacional.
10. Ver capítulo 5.
11. A Rádio Alger é também uma das muitas amarras mantidas pela sociedade dominante. Rádio Monte Carlo, Rádio Paris e Rádio Andorra desempenham igualmente um papel protetor contra a "arabização".
12. No plano das comunicações militares, tal constatação também poderia ser feita. O "sistema de telecomunicações" do Exército de Libertação Nacional se elevou em menos de quinze meses ao nível das melhores realizações de um exército moderno.

13. Evidentemente, a chegada na Argélia, pelo caminho legal, de novos aparelhos de rádio e novas pilhas se torna em seguida cada vez mais difícil. A partir de 1957, o suprimento chegará pela Tunísia e pelo Marrocos, através das células de resistência. A introdução regular desses meios de estabelecer contato com a voz oficial da revolução se tornou tão importante para o povo quanto a aquisição de armas ou munições para o Exército Nacional.
14. Na mesma linha de pensamento, é preciso ressaltar a experiência da escuta na Cabila. Agrupados às dezenas, e mesmo às centenas, em torno de um aparelho, os camponeses escutam religiosamente "a Voz dos Árabes". Raros são aqueles que entendem o árabe literário utilizado nessas transmissões. Mas o rosto é grave e a fisionomia endurece quando a expressão *Istiqlal* (independência) irrompe no *gourbi*. Uma voz árabe que, quatro vezes por hora, repete "*Istiqlal*" é suficiente nesse nível de efervescência da consciência para manter a fé na vitória.
15. O aparecimento dos temas de proteção mórbida e sua importância como técnica de autodefesa, e mesmo de autocura, no desenvolvimento histórico das doenças mentais já foi estudado na psiquiatria clássica. Atormentado por suas "vozes" acusadoras, o alucinado não tem outro recurso senão criar vozes amigas. Será preciso recuperar o mecanismo de transformação em seu oposto, que apontamos na situação colonial em processo de desagregação.
16. Não se trata, aqui, do surgimento de uma ambivalência, mas, na verdade, de uma transformação, de uma mudança radical de valência; não de um equilíbrio, mas de uma superação dialética.
17. Inversamente, a Voz da Argélia será ouvida sob a forma de condenação à morte por certos argelinos colaboradores. Sofrendo de graves crises depressivas, esses homens, na maioria das vezes membros da polícia, são repreendidos, insultados, condenados pela rádio dos "rebeldes". Da mesma forma, europeias e europeus, apresentando explosões de agitação ansiosa, percebem na língua árabe muito claramente ameaças ou condenações. Tais fenômenos eram praticamente desconhecidos antes de 1954.
18. Ao mesmo tempo, a direção política decide pela destruição da rádio francesa na Argélia. A existência de uma voz nacional leva os responsáveis a considerar o silenciamento da Rádio Argel. Danos significativos são causados às instalações técnicas pela explosão de bombas-relógio, mas muito rapidamente as transmissões são retomadas.

19. Nessa linha de pensamento, é preciso ressaltar a atitude das autoridades francesas na Argélia de hoje. Sabemos que a televisão existe há alguns anos no país. Até agora, um comentário bilíngue simultâneo acompanhava as transmissões. Depois de algum tempo, o comentário em árabe cessou. Esse fenômeno expressa mais uma vez que a Rádio Argel corresponde perfeitamente à fórmula "Os franceses falam com os franceses".
20. Jacques Lanzmann, *Viva Castro*, p. 114.
21. No período anterior à revolução, irmãos trabalhando em uma mesma empreitada pediam ao contramestre para serem designados para canteiros diferentes. Da mesma forma, no hospital, dois irmãos enfermeiros tomavam medidas para serem encaminhados para diferentes pavilhões.
22. As forças colonialistas francesas, como sabemos, reuniram atrás de arame farpado mais de 1 milhão de argelinos. São os famosos "centros de reagrupamento", onde, na opinião das próprias autoridades francesas, a morbidez e a mortalidade atingem níveis atipicamente elevados.
23. Os soldados franceses hospitalizados nos serviços psiquiátricos do Exército francês na Argélia viram todas as crises epilépticas experimentais provocadas nos argelinos e nos atiradores da África Negra para avaliar o limiar específico de cada raça. Os homens nos quais os médicos franceses realizaram esses experimentos eram conduzidos ao hospital sob o "pretexto científico" de que havia exames complementares a serem feitos. Cabia apenas à sociedade argelina, apenas ao povo argelino, demonstrar, lutando, sua decisão de proibir sobre o solo nacional tais infâmias, entre outras.
24. Essa observação particular se refere à atitude geral do colonizado, que quase nunca tem comportamentos verdadeiros com o colonizador. O colonizado não admite, não confessa, não se faz transparente na presença do colonizador. Ver a comunicação no Congresso de Psiquiatras e Neurologistas de Língua Francesa de 1955 sobre o argelino e a confissão na prática médico-legal.
25. É claro, há vários médicos que agem normalmente, de forma humana. Mas, precisamente, desses médicos será dito: "Eles não são como os outros".
26. A prática médica muitas vezes assume a forma de fraude sistematizada nas colônias. Injeções de água bidestilada, faturas de penicilina

ou vitamina B12, radioscopias pulmonares, sessões de radioterapia "voltadas à estabilização de um câncer" quando o médico na verdade não dispõe de nenhuma instalação radiológica. Neste último caso, basta que o médico coloque o doente atrás de um lençol e, após quinze ou vinte minutos, declare o término da sessão. Acontece até de médicos em aglomerações rurais se vangloriarem (vários exemplos são conhecidos na Argélia) de realizar radioscopias utilizando um aspirador de pó. Mencionemos o caso de um médico europeu que exerce a função em Rabelais (região de Orléansville) e explica como, nos dias de feira, ganha mais de 30 mil francos por manhã: "Coloco três seringas de tamanhos diferentes cheias de soro fisiológico e pergunto ao doente: 'Que injeção você quer, a de quinhentos, mil ou 1500?'. Quase sempre o doente escolhe a injeção mais cara", acrescenta o médico.

27. O Conselho da Ordem dos Médicos na França adotou, frente a essas medidas, uma posição muito firme de acordo com a grande tradição francesa. Assim, seu presidente, o professor Piedelièvre, em ofício dirigido aos Conselhos da Ordem dos Médicos de Argel, Constantina e Orã, escreveu: "Gostaria de lembrá-los de que em nenhuma circunstância e sob nenhum pretexto o sigilo profissional pode ser violado! Eu também aconselho que os médicos devem tratar com a mesma consciência todas as pessoas, independentemente de sua religião ou raça, sejam elas amigas ou inimigas. Por fim, gostaria de salientar que o código de ética, em seu artigo 3º, deixou bem claro: 'O médico deve tratar com a mesma consciência todos os seus pacientes, independentemente de sua condição, nacionalidade, religião, reputação e dos sentimentos que lhe inspirem'. Devemos acrescentar também que muitos médicos europeus se recusaram a implementar as decisões adotadas pelas autoridades francesas na Argélia".

28. Henri Alleg, La Question. Paris: Minuit, 1958, pp. 74 ss. [Ed. bras.: A tortura. São Paulo: Todavia, 2020.]

29. Vimos médicos militares, chamados à cabeceira de um soldado argelino ferido em combate, se recusarem a intervir. O pretexto oficial era que não havia mais chance de salvar o ferido. No entanto o médico reconhecerá, após a morte do ferido, que essa solução parecia preferível a uma estadia na prisão, onde teria sido necessário alimentá-lo, já prevendo uma execução capital. Os argelinos da

região de Blida conhecem o diretor de hospital que chutava o peito ensanguentado dos feridos de guerra, deitados no corredor de seu estabelecimento.

30. Notaremos do mesmo modo uma mudança na atitude do argelino em relação aos centros hospitalares do ocupante. Ocorre, com efeito, que a necessidade de um medicamento específico ou de uma intervenção cirúrgica, impossíveis de realizar nas células de resistência, leva o médico a aconselhar para o civil a ida a um hospital dirigido pelos franceses. As hesitações e recusas de antes da revolução desaparecem e a população segue as diretrizes do médico argelino na resistência. Essa nova conduta é muito clara em 1956-7. Tive a oportunidade de visitar durante esse período muitos hospitais. Os médicos europeus compartilhavam comigo seu espanto. Desde a guerra, observaram: "Os muçulmanos, em comparação com os anos anteriores, procuram tratamento hospitalar na proporção de um para cinco. Nós nos perguntamos o que está acontecendo". Acrescente-se ainda que, nesse momento, pela dificuldade de fornecimento de produtos farmacêuticos, havia um interesse estratégico da administração em fazer com que os franceses tratassem dos civis e em manter os medicamentos para os militares, que, por sua vez, não podiam ser evacuados.

31. O *djin* (plural *djnoun*) é um espírito. Ele assombra casas, campos etc. A crença popular lhe conferiu um papel importante em todos os fenômenos da vida: nascimento, circuncisão, casamento, doença ou morte. No caso específico da doença, toda condição médica era interpretada como a ação de um mau *djin*.

32. Movimento para o Triunfo das Liberdades Democráticas, partido nacionalista argelino pré-revolucionário.

33. União Democrática do Manifesto Argelino, partido nacionalista argelino.

34. Ver o anexo "Testemunho de Charles Geromini".

Anexos

1. Lamine Khene, desde então secretário de Estado no Governo Provisório da República da Argélia.

2. Ben Yahia, então presidente da União Geral dos Estudantes Argelinos e posteriormente membro do Conselho Nacional da Revolução Argelina. Ben Batouche, comandante do Exército de Libertação Nacional, morto em batalha.

3. Ben Milhouod Saïd, escrevente, em 26 de setembro de 1956, e Sellami, carpinteiro, em 25 de dezembro de 1956, foram mortos pelos milicianos. Ambos estavam na lista de suspeitos a serem executados pelas forças de segurança.

ESTA OBRA FOI COMPOSTA POR MARI TABOADA EM DANTE PRO E IMPRESSA
EM OFSETE PELA GRÁFICA PAYM SOBRE PAPEL PÓLEN NATURAL
DA SUZANO S.A. PARA A EDITORA SCHWARCZ EM JUNHO DE 2025.

A marca FSC® é a garantia de que a madeira utilizada na fabricação do papel deste livro provém de florestas que foram gerenciadas de maneira ambientalmente correta, socialmente justa e economicamente viável, além de outras fontes de origem controlada.